248.86
Q31

MAY
2008

Un regalo para:

_____

De:

_____

La misión de Editorial Vida es proporcionar los recursos necesarios a fin de alcanzar a las personas para Jesucristo y ayudarlas a crecer en su fe.

LO QUE EL CÁNCER NO PUEDE HACER
Edición en español publicada por
Editorial Vida — 2007
© 2006 por The Zondervan Corporation

Publicado en inglés con el título:
What Cancer Cannot Do
Por The Zondervan Corporation
© 2006 por The Zondervan Corporation

Traducción: *David Fuchs*
Edición: *Madeline Díaz*
Diseño interior: *Eugenia Chinchilla*
Diseño de cubierta: *Cristina Spee*

ISBN - 10: 0-8297- 5072-X
ISBN — 13: 978-0-8297-5072-0

Categoría: RELIGIÓN / Vida cristiana / Inspiración

Impreso en China
Printed in China

07   08   09   10   v   6   5   4   3   2   1

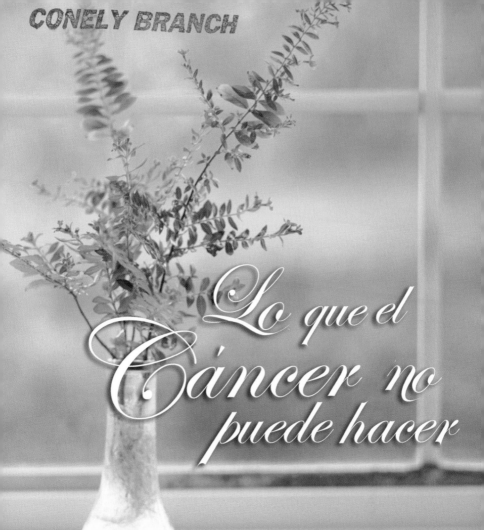

CONELY BRANCH

Lo que el Cáncer no puede hacer

HISTORIAS DE ESPERANZA Y ALIENTO

  Vida®

Contenido

EL CÁNCER ES TAN LIMITADO QUE...

No puede quebrantar el amor de Dios

Amor eterno

*N*ada —ni los dedos auscultadores, las dolorosas agujas, la interminable espera por los resultados, la cirugía, los reportes de patología, la temida palabra cáncer— puede separarnos del amor de Dios.

Porque Dios nos hizo, nos formó en el vientre de nuestra madre, conocía cada parte de nosotros, incluso hasta el ADN de nuestras células. Sí, él sabía que algunas de estas células se transformarían, alejándose de la intención para la cual fueron creadas y siguiendo su propio camino. Él sabía que esas células anormales se multiplicarían en nosotros por largo tiempo antes de que las pudiéramos sentir.

Pero así como por amor Dios nos dio la salvación a través de la sangre redentora de su hijo Jesucristo, por amor nos salvará de los efectos en realidad quebrantadores del cáncer. Porque cuando nos sintamos muy asustados, su amor nos calmará; cuando nos sintamos abandonados, nos rodeará con su presencia; cuando sintamos que hemos perdido el rumbo, iluminará la oscuridad; cuando estemos exhaustos por el dolor, nos aliviará con su toque; cuando perdamos el valor al pensar que nunca estaremos bien de nuevo, restaurará nuestra alma.

Él hace esto a través de canciones en la noche y de las Escrituras en el día; a través de las oraciones personales de los amigos y de la intercesión colectiva de la iglesia; a través del cuidado experto de los médicos y las compasivas manos de las enfermeras; por medio del testimonio de los sobrevivientes del cáncer y del iluminador liderazgo de los santos que murieron en el Señor. Pero más que nada, lo hace a través de su amor, que siempre está vigilante, es suficiente y eternamente satisfactorio.

EL CÁNCER NO PUEDE QUEBRANTAR EL AMOR DE DIOS. Él nos amó desde el principio, nos ama a través de la enfermedad, nos ama durante y después del tratamiento, y nos ama hasta el final, cuando, algún día, no conoceremos las lágrimas ni el dolor, solo la increíble maravilla de su amor.

Lazos familiares

Nosotros le decíamos a mi hermana Jane «la gatita miedosa». Cuando era niña, ella le tenía miedo a los gérmenes, a los intrusos y a la comida mala. Lavaba sus manos hasta arrugarse la piel, cerraba las cortinas cada noche al atardecer y olfateaba todo antes de llevárselo a la boca.

Cuando llegó a ser adulta, su terror no estaba dentro, sino fuera del hogar. Le temía a los viajes en tren, a los embotellamientos y a las grandes ciudades, en específico a Chicago. Sin embargo, pasó por alto todos estos desafíos para estar conmigo cuando estuve hospitalizada con leucemia aguda. «¿Qué ha pasado con Jane?», se preguntaban con asombro nuestras otras hermanas. «Ella le teme a todo. ¿Cómo se atrevió a hacer esto?»

¿La conclusión? Jane se preocupaba más por mí que por su propia seguridad. Su amor superó sus temores mientras hacía sus maletas, abordaba el tren en Lafayette, Indiana, transitaba por las concurridas calles de Chicago, y llegaba hasta el hospital para estar a mi lado.

Su amor también me ayudó a superar mis temores. De alguna manera, la inserción quirúrgica del catéter en la parte superior de mi brazo, que hacía posible que me administraran la quimioterapia, no se sentía tan mal al sostener la mano de Jane. Los efectos colaterales de drogas como la Daunorubicina y la Citarabina no fueron tan debilitantes cuando Jane me servía té caliente. Las largas noches eran más llevaderas sabiendo que Jane estaría ahí a la mañana siguiente.

El amor de la familia no es perfecto. A veces los hermanos discutimos y nos separamos. A veces nos decimos cosas desagradables. En algunas ocasiones simplemente nos ignoramos, nos ocupamos de nuestra vida y seguimos adelante. Entonces algo como el cáncer amenaza nuestras vidas y descubrimos que la gente que más se preocupa por nosotros, que nos conoce mejor y nos ama de cualquier forma, es nuestra familia. Y, como Dios, nos aman más de lo que nosotros creíamos.

El amor familiar no se limita a la gente con la que tenemos una conexión biológica. Algunos de mis más queridos hermanos y hermanas se relacionan conmigo en Cristo. El lazo es tan fuerte que cuando un miembro de nuestra familia se ve afectado por la enfermedad, el resto de la misma lo siente en carne propia. Nos apoyamos unos a otros con oraciones, tarjetas, comida, visitas y ofrecimientos de todo tipo para ayudar. Y debido a que somos una familia, aceptamos la ayuda y le damos gracias a Dios por ello.

El cáncer no puede quebrantar esa clase de amor.

Dándole la bienvenida al día

*E*l hijo de un amigo, que tenía síndrome de Down, le daba la bienvenida al día siempre de la misma forma. Abría las persianas de las puertas del patio y decía:

«Este es el día que el Señor ha hecho y nos regocijaremos y estaremos felices en él».

No todos tenemos esta clase de entusiasmo por la vida. Hay algunos días que preferiríamos borrar de nuestro calendario, en los que escogeríamos cubrirnos de pies a cabeza y dejar que el día transcurra sin nosotros. Y existen otros en los que nos gustaría apresurarnos, esperando que haya alguna cosa mejor más adelante.

Se necesita algo como el cáncer para congelarnos en el presente, porque cuando las temidas noticias llegan, nos damos cuenta de que ya no podemos darnos el lujo de perder nuestro tiempo, quejándonos sobre cosas sin importancia como el mal clima o los fines de semana aburridos o las frentes arrugadas. Todas aquellas cosas por las cuales solíamos inquietarnos se vuelven inconsecuentes cuando el futuro está amenazado y estamos seguros de que todo lo que tenemos es el ahora.

Por supuesto, preocuparse por el futuro es inevitable cuando nuestras vidas dan un giro de lo ordinario al extraño laberinto de exámenes, procedimientos quirúrgicos, análisis de sangre y opciones de tratamiento. No sabemos lo que viene después y eso nos preocupa. El no saber si estamos haciendo lo correcto también nos preocupa: ¿Estamos viendo al médico correcto? ¿Estamos usando el mejor tratamiento para nuestro tipo de cáncer?

Sin embargo, lo que más nos preocupa es cuánto tiempo nos queda. ¿Cuáles son mis oportunidades de vivir con este cáncer? ¿Viviré para ver a mi hijo graduarse de la universidad o para casar a mi hija? ¿Estaré lo suficiente bien para planificar unas vacaciones, terminar un proyecto de trabajo, pagar la hipoteca de la casa? ¿Qué hará mi familia sin mí?

El Salmo 90:12 dice: «Enséñanos a contar bien nuestros días, para que nuestro corazón adquiera sabiduría». De muchas formas, el cáncer viene a ser un llamado para dejar de preocuparnos por el futuro que no podemos controlar y por el pasado que ya está detrás de nosotros. Es un recordatorio para preocuparnos de lo que en realidad importa. Es una orden para que nosotros mismos nos echemos del sillón de la pena y la autocompasión y nos pongamos a trabajar.

Es un mandato para amar cada día porque, sin importar lo que nos depare, Dios nos da este día y él estará con nosotros.

Sácianos de tu amor por la mañana, y toda nuestra vida cantaremos de alegría.

SALMO 90:14

Pero yo, SEÑOR, en ti confío, y digo: «Tú eres mi Dios.» Mi vida entera está en tus manos.

SALMO 31:14-15

Jesús dijo: «Por lo tanto, no se angustien por el mañana, el cual tendrá sus propios afanes. Cada día tiene ya sus problemas».

MATEO 6:34

El gozo del trabajo

*E*n las semanas anteriores a ser diagnosticada con leucemia, tenía tan bajos los conteos de sangre que el doctor me ordenó mantenerme alejada de las multitudes, no podía ir a los centros comerciales, a un restaurante, y lo más doloroso de todo, no podía ir a la iglesia. Lo que me mantuvo cuerda durante ese tiempo fue ir a trabajar.

El trabajo es terapéutico, me mantuvo ocupada cuando mi mente amenazaba con fraccionarse en todas direcciones mientras pensaba en todos los «y si...»: ¿Y si es una enfermedad autoinmune como el lupus? ¿Y si se trata de un virus extraño? ¿Y si es cáncer? El trabajo me mantuvo ocupada durante la abrumadora espera de la llamada del doctor. Me permitió reducir las bien intencionadas llamadas de los amigos y familiares para saber las novedades.

El trabajo también me ayudó en mi proceso de regreso a la salud. Fue como un punto decisivo en la transición desde el anormal mundo del cáncer —la cirugía, la hospitalización, el tratamiento y la recuperación- al ritmo normal de la vida: levantarse con el despertador, realizar una rutina de ejercicios, desayunar, tener un tiempo devocional, y luego salir para el trabajo.

Dios nos diseñó para trabajar, ya fuera vestidos con un traje, ropa deportiva, uniformes o pantalones vaqueros. Mucho antes de que el pecado entrara en el paraíso, Dios tomó a Adán y «lo puso en el jardín del Edén para que lo cultivara y lo cuidara». De acuerdo a la creación de Dios, el trabajo era parte del perfecto orden de las cosas.

En verdad, el pecado le impuso su precio al trabajo; después de la caída, el mismo se convirtió en un «doloroso esfuerzo». Como resultado, no visualizamos al trabajo como si fuera el paraíso. En ocasiones nos parece una avalancha de proyectos inacabados, una cuerda floja de conflictos interpersonales o una nube turbia de expectativas. Pero si en realidad es el trabajo para el cual Dios nos llamó, entonces él nos ayudará a hacerlo y nosotros hallaremos plenitud y satisfacción en él.

Nada hay mejor para el hombre que comer y beber y decirse que su trabajo es bueno. Esto también yo he visto que es de la mano de Dios.

ECLESIASTÉS 2:24 (LBLA)

El cán... ...n limitado que...
No puede dañar la esperanza

La búsqueda de un doctor

*T*res meses después del tratamiento, mi linfoma reapareció. Mientras me lamentaba de ello con Ed, un amigo sobreviviente de la enfermedad de no Hodgkin, me dijo: «Debes ver a mi doctor en Northwestern».

«Es posible que lo haga», le contesté, pero en mi interior descarté la sugerencia, como ya lo había hecho antes. ¿Por qué conducir por una hora a través de Chicago si podía ir a un oncólogo a cinco minutos de mi casa?

Sin embargo, las opciones de tratamiento se estrechaban. Camino a casa pensé: «En realidad debo orar por esto». Dos días más tarde, mientras estaba en el trabajo, sentí la urgencia de llamar al doctor de Ed. Intenté olvidarme de la idea, pero no pude. Por último llamé a Ed, que me dio los números para contactarme, y llamé al doctor.

Desde el primer momento que visité al Dr. Leo Gordon supe que estaba en buenas manos. Además de gozar de una reputación a nivel mundial por sus investigaciones, pruebas y enseñanzas, este hombre en realidad se preocupaba. Él había investigado a través de una docena de años de reportes, análisis y notas sobre mí. Y ahora hacía preguntas profundas sobre mi historia médica. Me realizó un examen físico completo, verificando las protuberancias que yo ya había sentido y otras que habían eludido el sondeo de mis dedos. Luego, ató los cabos de mi complicado caso e hizo recomendaciones para un tratamiento más profundo.

¿Recuerdas a la pequeña esclava que se preocupaba lo suficiente por su amo, Naamán, como para sugerir que viera a alguien que sanara su lepra? «Un día la muchacha le dijo a su ama: "Ojalá el amo fuera a ver al profeta que hay en Samaria, porque él lo sanaría de su lepra."» (2 Reyes 5:3). De modo sorprendente, la esposa de Naamán escuchó a la niña y viajaron a otro país a ver a un profeta al que no conocían, y se curó.

Por supuesto que los doctores no nos sanan, solo Dios puede hacerlo. Pero Dios puede —y lo hace— usar a los médicos para llevar a cabo esa sanidad. Y cuando pedimos guía para encontrar al doctor apropiado, Dios nos puede responder a través de las sugerencias de los demás, tal como lo hizo con Ed, que me persuadió a escuchar y recibir la dirección del Señor. Y el Dios de la esperanza me llevó hasta el doctor que me dio una esperanza de sanidad en mi jornada con el cáncer.

Que el Dios de la esperanza los llene de toda alegría y paz a ustedes que creen en él, para que rebosen de esperanza por el poder del Espíritu Santo.

ROMANOS 15:13

Y ahora, SEÑOR, ¿qué esperanza me queda?
¡Mi esperanza he puesto en ti!

SALMO 39:7

No se inquieten por nada; más bien, en toda ocasión, con oración y ruego, presenten sus peticiones a Dios y denle gracias.

FILIPENSES 4:6

En espera de los resultados

*C*indy había dejado su tratamiento para el cáncer de ovario durante un año cuando su CA-125 (marcador tumoral) se elevó más de lo normal. Su doctor reaccionó de manera inmediata: ordenó tomografías computarizadas y una punción citológica. Mientras esperaba los resultados, mi amiga parecía inusualmente calmada. «¿No te estás volviendo loca en espera de la llamada del doctor?», le pregunté.

«Claro», dijo ella, es difícil esperar, pero por otro lado, la espera me da la oportunidad de mantener la esperanza de no tener cáncer otra vez».

A veces no saber es mejor que saber. Es en este intermedio que nos podemos aferrar a la más mínima oportunidad de no tener cáncer, o de que ha sido detectado temprano, o de que no ha tomado otra parte de nuestro cuerpo. Es el momento en que nos podemos decir que el examen de sangre fue una anomalía o que la pequeña protuberancia en nuestra ingle es una vellosidad que está creciendo hacia adentro, o que la mancha blanca en la mamografía es solo un quiste. Es el instante en el que podemos comentar: «Nunca me he sentido mejor en mi vida, no puedo tener cáncer».

Sin embargo, como dijo otra amiga, Diane, sobre su cáncer de seno recurrente: «Nuestro instinto dice que lo tenemos». La espera, como tantas cosas relacionadas con el cáncer, se vuelve un juego de la mente. Algunos de nosotros decimos que el doctor no nos mandaría todos esos exámenes si no sospechara que se trata de cáncer, y otros decimos que el doctor está siendo cuidadoso. Atrapados en esa tensión, perdemos el enfoque en nuestras conversaciones. El alimento deja de ser apetitoso. Estamos agotados pero no podemos dormir. Nuestra mente se adelanta a la llamada del doctor, proyectando toda clase de posibilidades.

Por naturaleza, las personas no somos buenas para esperar, ya sea que la espera sea por algo bueno o por algo malo. Abraham y Sara se frotaban las manos en espera de un bebé. Job, a pesar de todas sus pérdidas —posesiones, hijos y salud— se puso nervioso porque Dios no le hablaba. Los discípulos cabeceaban por el sueño mientras esperaban con Jesús durante su agonía. Pero ni frotarse las manos, ni ponerse nervioso, ni cabecear, tendrán ningún efecto en el reporte final.

La esperanza de que los resultados de una biopsia sean buenos ayuda a que la espera sea más manejable. No obstante, es aun mejor usar el tiempo de espera para acercarse a Dios, sabiendo que no hay nada más importante que eso. También es necesario confiar en que él tiene los resultados de los exámenes en sus manos, y dado que le pertenecemos, de alguna forma todo terminará bien para nosotros.

Bendeciré al SEÑOR que me aconseja; en verdad, en las noches mi corazón me instruye. Al SEÑOR he puesto continuamente delante de mí; porque está a mi diestra, permaneceré firme.

SALMO 16:7-8 (LBLA)

En el arrepentimiento y la calma está su salvación, en la serenidad y la confianza está su fuerza.

ISAÍAS 30:15

¿Quién de ustedes, por mucho que se preocupe, puede añadir una sola hora al curso de su vida? Ya que no pueden hacer algo tan insignificante, ¿por qué se preocupan por lo demás?

LUCAS 12:25-26

Elige siempre la esperanza. Si te han dicho que tu tiempo es limitado, cree que la vida puede ser todavía una aventura llena de satisfacciones. Elige vivir al máximo, descubriendo que cada día es un regalo bueno y perfecto a pesar de las circunstancias.

GREG ANDERSON

La vida en el reino de Dios es por naturaleza un calidoscopio. Tratamos en vano de imaginar la próxima escena de la vida, mientras la gracia esta obrando y reorganizando el escenario.

PHILIP GULLEY

Programa todas tus preocupaciones para una media hora específica a mitad del día. Luego toma una siesta. Dios tiene como fin exaltarse a sí mismo al obrar a favor de aquellos que esperan en él.

JOHN PIPER

Cómo sobrellevar la quimioterapia

*C*uando me diagnosticaron con linfoma, aproveché la oportunidad de ser tratada con Rituxan; algo así como una bomba que estimula la efectividad del sistema inmunológico. Este medicamento deja las células saludables y busca a las células cancerosas, las ata a sí mismo y luego las detona. Años más tarde también usé Zevalin, el cual une los isótopos radioactivos al Rituxan, desencadenando algo así como una guerra nuclear contra el cáncer.

Fui menos entusiasta cuando me diagnosticaron leucemia aguda y me encontré conectada a bolsas con medicamentos tan letales que las enfermeras debían usar guantes, batas y lentes para manipular las cosas que introducían en mis venas. En una ocasión, la vía intravenosa se rompió y derramó un líquido de color rojo, me pusieron en cuarentena y sellaron mi habitación hasta que un equipo debidamente protegido la limpiara.

Sin embargo, en ciertas mañanas sentía una evidente rebeldía cuando debía tomar por vía oral pequeñas dosis de quimioterapia.

Odiaba sus debilitantes efectos colaterales: nauseas, dolores de cabeza, lesiones en la boca, ojos ásperos, dolor de huesos y extrema fatiga. Odiaba cómo estas medicinas mitigaban mi espíritu, alejándome de un mundo del que siempre había disfrutado ampliamente. Odiaba que me hiciera sentir al borde las lágrimas, irritable e impaciente con la gente, en especial conmigo misma.

Cuando tenía ganas de botar los medicamentos por el desagüe, pensaba en que ellos ya habían conseguido remitir la leucemia y evitaban que regresara; y lo que es más, eran algo así como un perro guardián en contra de los linfomas. Así que obtenía una protección doble de un puñado de píldoras cada mañana.

No tiene que gustarnos el tratamiento para que este funcione, pero sí debemos esperar que funcione en nosotros, destruyendo el cáncer que amenaza nuestras vidas. De otra forma, jamás podremos superarlo.

En los días de Jesús, a la gente tampoco le gustaban sus opciones de tratamientos. El hombre paralítico debió haber gritado en su interior cuando sus amigos lo deslizaron por un techo hasta los pies de Jesús. La mujer con sangrado estaba tan asustada que tocó a Jesús por la espalda y luego desapareció entre la multitud. Y el hombre poseído por los demonios le rogó a Jesús que no lanzara a aque-llos que le martirizaban a un hoyo sin fondo. Sin embargo, todos ellos se sometieron al tratamiento porque confiaban en aquel que los sanó.

El cáncer no puede dañar esta clase de esperanza.

Pon tu esperanza en el SEÑOR; *ten valor, cobra ánimo; ¡pon tu esperanza en el* SEÑOR!

SALMO 27:14

Podrán desfallecer mi cuerpo y mi espíritu, pero Dios fortalece mi corazón; él es mi herencia eterna.

SALMO 73:26

Si cada mañana tomo una píldora que mi doctor dice que reducirá enormemente las posibilidades de que reaparezca el cáncer, tal vez sea útil creer eso. Los efectos secundarios pueden ser desagradables; así que, si voy a sufrir, es mejor creer que el tratamiento vale la pena.

MARY ANN, SOBREVIVIENTE AL CÁNCER DE SENO.

OBTENCIÓN DE LA REMISIÓN

«*M*ira este versículo», me dijo mi hija Laura, sosteniendo su manual de maestra para la Escuela Bíblica Vacacional. «¿Cómo se supone que enseñe eso a niños de tercer grado?»

Me mostró Mateo 26:28 (LBLA): «Porque esto es mi sangre del nuevo pacto, que por muchos es derramada para remisión de los pecados». La palabra pacto no era el problema, según dijo ella; era el término remisión lo que parecía demasiado difícil para que los niños entendieran.

Remisión es también difícil de entender para la gente con cáncer. En el sentido bíblico, «remisión de los pecados» significa «perdón de los pecados». Significa que a través de la sangre de Cristo se han pagado por completo nuestros pecados. Esto no quiere decir que nunca más tendremos que luchar con el pecado. Mientras vivamos aquí en la tierra, nuestro nuevo y perdonado «yo» tendrá que luchar contra nuestra vieja naturaleza carnal.

Asimismo, lo máximo que muchos de nosotros los que padecemos cáncer podemos esperar es la remisión. Desde el punto de vista médico eso significa que a través de la cirugía, la quimioterapia, la radiación -cualquier cosa- nuestro cáncer será golpeado tan fuerte que no podrán ser detectados rastros de la enfermedad.

Pero la remisión no significa que estemos libres de por vida del cáncer. Estaremos luchando contra él por largo tiempo, si no en lo físico, será en lo emocional. Cada vez que tengamos un resfrío, nos duelan las caderas, nos sintamos mareados, y nuestros temores susurren cáncer, tendremos que alzarnos en armas en contra del enemigo.

Físicamente es posible que tengamos que batallar contra el cáncer de nuevo. Años atrás, los médicos asumían que si vivías cinco años sin que hubiera recurrencia, estabas curado de esta enfermedad. Eso no es aplicable en muchos tipos de cáncer. Una amiga, Mary, probó esto cuando tuvo una recurrencia veinte años más tarde de haberse «curado» del cáncer de seno. A otra, un melanoma le hizo metástasis en su cerebro quince años después de una remisión completa.

Como mi hija dice: «El cáncer no obedece ninguna regla».

Sin embargo, la remisión es un poderoso incentivo para la gente con cáncer. Significa que todo lo que hemos tenido que soportar para libe-rar-nos de la enfermedad ha tenido éxito… al menos por ahora. Es posible que este se vaya para siempre; es posible que no. Mientras tanto, vivimos día a día en la gracia de Dios, regocijándonos por en el indulto y agrade-ciéndole por esta sanidad —y por la siguiente— hasta que un día este-mos delante de Cristo, curados para siempre del cáncer.

El SEÑOR es mi fuerza y mi escudo; mi corazón en él confía; de él recibo ayuda.

SALMO 28:7

Dios no siempre nos saca de las situaciones problemáticas, pero nos da la paz que necesitamos mientras atravesamos en oración cada experiencia.

H. NORMAN WRIGHT

No hay medicina como la esperanza, ni incentivo más grande, ni un tónico más poderoso que esperar algo mejor para el día de mañana.

ORISON SWETT MARDEN

EL CÁNCER ES TAN LIMITADO QUE...

No puede corroer la fe

Una visión de esperanza

La gente de la iglesia en la cual crecí no tenía visiones. Por ello, cuando era una joven madre recién casada y me encontraba en uno de los puntos más bajos de mi vida, implorándole a Dios y ofreciéndole mi vida porque ya no podía manejarla, lo último que esperaba era una visión. No obstante, eso fue lo que sucedió. En algún momento —entre despierta y dormida— vi a Jesús.

Él no dijo una palabra; solo me miró y su mirada de amor fue tan suave, tan comprensiva, tan mía, que cautivó mi corazón. Desde ese momento supe con absoluta certeza que yo era una hija de Dios.

Pensé en la gente de la Biblia que había tenido sueños o visiones. José soñó con un futuro en el cual él gobernaría sobre sus crueles hermanos. Saulo tuvo una visión de que Cristo volteaba su vida patas arriba, acabando con sus planes de perseguir a los cristianos y transformándolo en uno de sus más incondicionales líderes. Juan tuvo una re-velación: el triunfo de Dios sobre Satanás y su reinado eterno con aquellos que le aman.

Sin embargo, eso era en la Biblia. Personalmente no conocía a nadie que hubiera tenido tales revelaciones. Por ello en ese tiempo me preguntaba por qué Dios me había dado una visión. Claro, en ese momento me dio aliento cuando lo necesitaba. Sí, me aseguró que Cristo era mi Salvador; y sí, fortaleció mi fe en Dios.

Pero hizo algo más. Con los años, me di cuenta de que sin tener la absoluta seguridad de que el amor de Cristo nos sostiene, hubiese padecido un tiempo espantoso al llegar los duros momentos que estaban por venir.

No hubiera podido predecir que tendría cuatro clases de cáncer en los años venideros; si lo hubiera sabido, es posible que hubiese perdido la fuerza de mi corazón. No obstante, Dios me guió, me fortaleció y me enseñó a caminar con él, mostrándome en muchas ocasiones que estaría junto a mí, alimentándome y sosteniéndome. Por eso, cuando los malignos días del cáncer llegaron, pude aferrarme a Cristo, sabiendo que él estaría a mi lado.

Estoy agradecida por ello, pero no necesitamos una visión que nos corrobore el amor liberador de Cristo por nosotros. Lo que Jesús les dijo a sus discípulos en Mateo 28:20 se aplica también a nosotros en la actualidad: «Les aseguro que estaré con ustedes siempre, hasta el fin del mundo».

Aquellos que confiamos en Jesús lo encontraremos a nuestro lado sin importar a dónde vayamos o los problemas que tengamos que enfrentar. Tenemos su Palabra:

Si el SEÑOR no me hubiera brindado su ayuda, muy pronto me habría quedado en mortal silencio. No bien decía: «Mis pies resbalan», cuando ya tu amor, SEÑOR, venía en mi ayuda. Cuando en mí la angustia iba en aumento, tu consuelo llenaba mi alma de alegría.

SALMO 94:17-19

Perder tu trabajo, tu salud o un sueño; vivir o morir; todas son oportunidades para responder al amor de Dios.

M. CRAIG BARNES

Haciendo preguntas difíciles

*D*ios no siempre responde nuestras oraciones para librarnos del cáncer. Por supuesto, él podría si así lo decidiera, pero si no lo hace, nos desviamos de las calmadas aguas de la fe para entrar en los remolinos de la confusión.

Mi amiga Diane llegó a estas aguas turbulentas cuando su cáncer de ovario reapareció. «¿Por qué no me curó Dios?», se preguntaba esta mujer de incondicional fe, que de forma repentina sonaba como una niña perdida. Ella y otras personas en la iglesia habían orado con fervor para que fuera curada del cáncer, incluso se había reunido con los ancianos, los cuales le ungieron en aceite y oraron por ella. Y cuando su siguiente CA-125 (marcador tumoral) mostró un rango de normalidad, todos nos regocijamos con ella y le agradecimos a Dios.

Apenas habíamos recibido las buenas noticias cuando el CA-125 comenzó a subir de nuevo. Fue inevitable para mi amiga preguntarse: ¿Por qué no respondió Dios la oración de tanta gente? ¿Por qué permitió que el cáncer regresara? ¿Por qué él sana a unos y a otros no? ¿Dónde está Dios cuando lo necesitamos? ¿Acaso somos culpables de algún pecado secreto por el cual Dios nos está disciplinando ahora con esta enfermedad?

No hay respuestas sencillas para esas preguntas. Lo que es reconfortante, a pesar de todo, es que Dios no nos ha prohibido que se las hagamos. Job, David y el mismo Jesús le hicieron preguntas difíciles sobre el sufrimiento y no fueron disuadidos de hacerlo. Es posible que incluso podamos vislumbrar las respuestas al porqué tenemos cáncer: tal vez para darnos tiempo y el ímpetu necesario para restablecer las relaciones con nuestra familia, cambiar nuestras prioridades, ayudarnos a apreciar cada día, ver la salud como un regalo, alcanzar a otros que estén en necesidad.

Sin embargo, la mayor respuesta a estas preguntas es que alejemos nuestra mirada de nosotros mismos y la elevemos a Dios. Así, tal como Job, veremos a Dios como aquel que puso los cimientos de la tierra, domina las olas del mar, da órdenes a la mañana, derrama el agua de los cielos y aun así está con nosotros, respondiendo a cada necesidad y diciendo: «No temas, que yo te he redimido; te he llamado por tu nombre; tú eres mío. Cuando cruces las aguas, yo estaré contigo; cuando cruces los ríos, no te cubrirán sus aguas» (Isaías 43:1-2).

Dios, nuestro Creador, Redentor y Consolador, está con nosotros en los porqués, en los por qué no, en la remisión y en la recurrencia del cáncer. Su presencia es la respuesta a toda pregunta.

Tan compasivo es el SEÑOR con los que le temen como lo es un padre con sus hijos. Él conoce nuestra condición; sabe que somos de barro.

SALMO 103:13-14

Para que suframos sin pensar en nuestra propia aflicción debemos pensar en una aflicción mayor, y poner nuestra atención en Cristo sobre la cruz.

THOMAS MERTON

Sin nuestro cabello

Dos semanas después del día en que recibí mi primera quimio, perdí mi cabello. Había sido advertida, por supuesto, pero en secreto albergaba la esperanza de que mis gruesos rizos vencieran las estadísticas, quedándose adheridos a mi cuero cabelludo a pesar de ese líquido rojo introducido en mis venas.

Un peluquero voluntario en el hospital había sugerido que si me lavaba el cabello menos seguido y usaba peines de dientes anchos era probable que pudiera mantener mi cabello. Intenté ambas cosas, pero cuando comencé a perderlo como un perro abandonado sobre mis pijamas, almohadones y el piso del baño, reconocí lo inevitable. Llamé a una amiga del trabajo que me sugirió que me recortara el cabello a dos pulgadas de largo para que cuando me quedase calva fuera menos traumático. Ella vino a mi habitación del hospital y lo hizo.

La solución duró un par de días. Una mañana, en la ducha, al enjuagarme el champú observé horrorizada que los puñados de cabello caían a mis pies. Cuando me miré al espejo, lo único que vi fueron unos mechones extraviados y un brillante cuero cabelludo. Estaba innegable e indiscutiblemente calva, y no había nada que pudiera hacer al respecto.

Sansón se despertó una mañana sin su cabello, sin su fuerza y sin ningún sentido de control. Es posible que nosotros nos sintamos un poco de esa manera cuando nos enfrentamos a nuestro cuero cabelludo desnudo por primera vez. Ya no podemos confiar en nuestro cuerpo, no podemos confiar en nuestra fuerza, ni siquiera podemos confiar en que el cabello crezca en nuestra cabeza.

Pero podemos confiar en Dios. Porque sin importar lo que nos pase, Dios, el Creador y Señor del universo, aquel que hizo las grandes criaturas de las profundidades y puso estrellas en los cielos, está en control. Él controla las mareas de los océanos y el viento en los árboles. Él controla a los pequeños pajarillos que vuelan en los albores del amanecer.

No debemos tener miedo de lo que nos está pasando, porque Dios tiene el control. Está tanto en control que como Lucas 12:7 lo dice, aun los cabellos de nuestra cabeza están contados. ¡Imagínate eso! Cada cabello que al enjuagarte por la mañana se te cae y te deja calvo, Dios lo tiene enumerado. Cada mechón rezagado que cae de tu cuero cabelludo después de cada tratamiento, Dios lo tiene contado.

Y si Dios se preocupa tanto por el cabello en tu cabeza, puedes estar seguro de que se preocupa por ti. Y nada —ni siquiera el cáncer— te puede separar de su amoroso control.

No dudéis de su gracia debido a vuestra tribulación, por el contrario, creed que él os ama en los tiempos de adversidad así como en los momentos de felicidad.

CHARLES SPURGEON

Todo mortal es como la hierba, y toda su gloria como la flor del campo. La hierba se seca y la flor se marchita, pero la palabra de nuestro Dios permanece para siempre.

ISAÍAS 40:6,8

Él vela por nosotros con cuidado paternal, controlando a todas las criaturas, para que ni uno de los cabellos de nuestra cabeza (porque están contados) ni incluso un pajarito pueda caer al piso sin la voluntad de nuestro Padre.

The Belgic Confession, Artículo 13

El arte de vivir no se basa en eliminar nuestros problemas, sino en crecer con ellos.

Bernard M. Baruch

He sostenido muchas cosas en mis manos y las he perdido todas; pero lo que sea que haya puesto en las manos de Dios, es lo que todavía poseo.

Martín Lutero

OTRA META FINAL

Solía mantener un registro de los tratamientos de quimioterapia, de los resultados de los exámenes de sangre y de los efectos colaterales. Era una herramienta útil que tenía a la mano, en especial cuando el doctor quería retrasar un tratamiento debido a que el conteo de glóbulos blancos era demasiado bajo. «Era más bajo hace tres meses e igual me aplicó el tratamiento», decía luego de haber consultado mi registro. Él chequeaba sus apuntes y autorizaba la quimio.

Sin embargo, el aspecto más beneficioso de ese registro era la seguridad visual de cómo estaba progresando hacia la meta final. «Estoy en el primer tercio del tratamiento», me decía. De pronto, estaba a mitad de camino, luego a tres cuartos de camino, y más adelante, avanzando a gran velocidad hacia la sesión final.

Bueno, no exactamente a gran velocidad… arrastrándome, más bien. Estaba tan estropeada que podía quedarme dormida durante la cena.

Apenas podía cumplir con mi jornada diaria de trabajo durmiendo solo ocho horas al día. Por esta razón, me derrumbaba los fines de semana, durmiendo hasta doce horas seguidas.

Mary Lou, que tuvo cáncer de seno antes que yo, me sonreía cuando le preguntaba cuánto tiempo me tardaría en recuperarme. «El doble del tiempo que recibiste quimio; eso es lo que te tardarás en sentirte por completo saludable de nuevo», me respondía.

Por alguna razón, esto me resultaba extrañamente reconfortante. Eliminó la presión de tratar de forzar una recuperación en un período demasiado corto. También me permitió disminuir el ritmo para poder disfrutar de los síntomas de estar volviendo a ser saludable, como por ejemplo ver las cicatrices de los pinchazos que iban pasando de rojo a rosa, tener más energía al final de la jornada, encontrar otra vez la comida apetitosa, disfrutar de una caminata matutina.

Cuando nos enfermamos, nuestros cuerpos anhelan volver a estar saludables. Por ello, cuando les damos descanso, líquidos, buena comida, ejercicio, controles regulares y mucho alimento espiritual, podemos confiar en que Dios renovará nuestras fuerzas, tal como promete en Isaías 40:31.

Podemos tener fe en que un día el cáncer quedará atrás y estaremos saludables otra vez... si no es aquí, será en la vida que está por venir.

Los que confían en el SEÑOR renovarán sus fuerzas; volarán como las águilas: correrán y no se fatigarán, caminarán y no se cansarán.

ISAÍAS 40:31

Aunque el mundo está lleno de sufrimiento, también está lleno de victorias sobre él.

HELEN KELLER

Una fe centrada en la vida diaria puede ser una fuerte medicina, una medicina sobre la cual nosotros los doctores deberíamos poner más atención, motivándola cuanto nos sea posible.

SYDNEY J. WINAWER, M.D.

Es mi deseo que los sobrevivientes se sientan un día orgullosos de haber tenido cáncer y que otros lleguen a ver esto... como una «desgarradora etiqueta de distinción».

SUSAN NESSIM Y JUDITH ELLIS

EL CÁNCER ES TAN LIMITADO QUE...

No puede destruir la paz

Estadísticas de supervivencia

«*U*sted va a estar bien», susurró la señora de rosa mientras empujaba mi camilla por el corredor. «El ochenta por ciento de los tumores en el seno no son cáncer».

Yo suspiré. Hasta ese momento las estadísticas no habían estado a mi favor. Si no, ¿por qué años después de haber sobrevivido a una mastectomía y a un tratamiento de cáncer de seno todavía me sentía atraída por las estadísticas de supervivencia, como una polilla por un foco, en especial después de haber escuchado que en una amiga sobreviviente el cáncer había recurrido? La predicción de la voluntaria tampoco fue acertada: yo sí tuve cáncer de seno.

El tumor de seno, que era lo suficiente notorio a simple vista, no se había mostrado en la mamografía. Las mamografías son efectivas solo un ochenta por ciento de las veces.

El tamaño de mi tumor, más cinco nódulos positivos, disminuyeron mi posibilidad de supervivencia de cinco años a menos de un veinticinco por ciento. Lo que es más, yo, al igual que muchos otros sobrevivientes de cáncer, había aprendido cuán carentes de sentido son las estadísticas al predecir la supervivencia. Como dijo un doctor: «Es posible que solo el diez por ciento de pacientes con el tipo y el estado de tu cáncer se curen, pero dentro de ese diez por ciento tus probabilidades son cero o cien por ciento».

Entonces, ¿por qué me remito a las estadísticas? Es posible que sea por la clase de temor que decidió al rey Saúl a consultar a una médium en la noche anterior a la batalla que más tarde le costaría la vida (1 Samuel 28). Dios no le estaba respondiendo al rey a través de los sueños o por medio de otros profetas, por eso Saúl trató de conjurar el espíritu de Samuel para que le dijese qué hacer. Saúl recibió un mensaje claro, pero el mismo lo llevó a la de-rrota.

El cáncer también nos derrota. Por ello, en lugar de recurrir a las estadísticas (o a los doctores que las citan) para suavizar nuestros temores, deberíamos confiar en nuestro Padre celestial, que es el único que conoce cuánto tiempo viviremos. El todopoderoso Dios, que nos creó y envió a su Hijo a morir por nosotros para que fuéramos liberados del pecado, determina el número exacto de nuestros días y establece límites que no podemos exceder (Job 14:5).

En lugar de enfocarnos en la muerte, deberíamos, como lo determina Deuteronomio 30, escoger la vida: amando al Señor nuestro Dios, escuchando su voz y aferrándonos a él, puesto que por las heridas de Cristo seremos sanados.

El Señor te protegerá; de todo mal protegerá tu vida. El Señor te cuidará en el hogar y en el camino, desde ahora y para siempre.

SALMO 121:7-8

Debes estar consciente que el diagnóstico de cáncer no es necesariamente una sentencia de muerte. Hay millones de personas en los Estados Unidos para las que el cáncer es un recuerdo.

HAROLD H. BENJAMÍN

De hecho, sabemos que si esta tienda de campaña en que vivimos se deshace, tenemos de Dios un edificio, una casa eterna en el cielo, no construida por manos humanas.

2 CORINTIOS 5:1

Cómo enfrentar la cirugía

*E*nfrentar una cirugía puede ser aterrador. Ciertas imágenes se pueden agolpar en tu mente. Te vas a someter al bisturí, ¿qué tal si el doctor que lo sostiene tuvo una mala noche y no está por entero capacitado para la tarea? ¿Vas a estar por completo paralizado por la anestesia o a lo mejor no? ¿Qué sucederá si te despiertas en medio de la operación? ¿Qué tal si nunca te despiertas?

La consulta previa a la operación tampoco es de mucha ayuda. Aunque los doctores y las enfermeras te aseguran que ninguna de estas complicaciones te va a ocurrir a ti, su letanía de riesgos quirúrgicos es una invitación en tu cabeza para crear sendas de terror.

Luego llega el desestabilizador ritual del ingreso al hospital: nos quitamos todo lo que nos es familiar, incluyendo lentes, anillos y reloj, lo colocamos en una funda plástica etiquetada con el nombre del hospital, y todo esto usando una bata verde descolorida con lazos en la espalda.

Tú y tu cónyuge leen juntos un salmo mientras esperan la camilla que te va a llevar a la sala de operaciones. «Yo amo al SEÑOR porque él escucha mi voz suplicante. Por cuanto él inclina a mí su oído, lo invocaré toda mi vida» (Salmo 116:1-2). Oran juntos. Luego llega el pastor. ¡Él abre la Biblia para leer el mismo salmo que ustedes acaban de leer! Es obvio que esas palabras están hechas para ti.

Para aquellos que han ayunado por lo menos doce horas antes de la cirugía, que no han tomado ni un vaso de agua en horas, que no han dormido desde que el doctor les dio los resultados de la biopsia, que no pueden evitar pensar en lo que podría pasar en la cirugía, las palabras de las Escrituras resultan un banquete. Son el pan de vida, el agua viva, el bálsamo de Galaad y todas esas metáforas que hemos leído por muchos años en la Biblia, pero que solo ahora cobran sentido para nosotros. Son Cristo, calmando nuestras inquietudes y dándonos paz.

La mejor preparación para la cirugía no es la física, sino la del alma. Cuando tenemos la paz de Dios, la cual sobrepasa todo entendimiento, podemos enfrentar cualquier operación con seguridad.

LUCHA CONTRA EL INSOMNIO

No hay nada más largo que una noche de insomnio.

Te quedas dormido, exhausto por completo, para luego despertarte y clavar la vista en el reloj. Es demasiado temprano para levantarse, todavía hay oscuridad en el dormitorio, pero ya estás cansado de dar vueltas en la cama, y la respiración profunda y los ejercicios de relajación no están funcionando. Podrías tomar una píldora, pero eso implicaría estar anulado todo el día.

En medio del agotamiento y el cansancio rondan pensamientos persistentes: la ansiedad por un proyecto de trabajo, la culpa por no haberle enviado a alguien una tarjeta, los temores de una próxima cita con el doctor. Tú sabes que la intensidad de esas reacciones se encuentra distorsionada, pero cuando estás agotado, todo parece fuera de control. Te sientes atacado por el demonio mismo.

El insomnio a menudo llega con el cáncer. Las largas noches de sueño interrumpido pueden comenzar luego de haberte enterado de que padecías la enfermedad, siendo exacerbadas por la cirugía e intensificadas por la quimioterapia. Una vez que tienes insomnio, este se alimenta solo, convirtiendo cada noche en una prueba de resistencia.

Un especialista en el sueño puede ayudar. El mío sugirió que disminuyera el consumo de cafeína, restringiera el consumo de líquidos después de la cena, fuera a la cama y me levantara a la misma hora todos los días, y evitara cualquier cosa estimulante una hora antes de ir a dormir. Pero lo que en realidad me ayudó fue que me aseguró que mi problema del sueño se aliviaría cuando hubiera terminado la quimioterapia.

Saber que el problema era temporal me ayudó a ver la falta de sueño de una manera diferente. En lugar de pelear con el insomnio, le dediqué ese tiempo a Dios. En la calma y la oscuridad venían a mi mente los nombres de personas y situaciones por las cuales orar, himnos de alabanza y versículos de las Escrituras. Con el tiempo, pude comprender en otra dimensión la promesa de Jesús: «Vengan a mí todos ustedes que están cansados y agobiados, y yo les daré descanso» (Mateo 11:28).

Descansar en Cristo es mejor que dormir. Te otorga esa paz que sobrepasa todo entendimiento (Filipenses 4:7) e incluso hace que la noche más larga y oscura brille con la presencia de Dios.

Ésta es la oración al Dios de mi vida: que de día el SEÑOR mande su amor, y de noche su canto me acompañe.

SALMO 42:8

Si por la noche hay llanto, por la mañana habrá gritos de alegría.

SALMO 30:5

[Jesús dice:] «Vengan a mí todos ustedes que están cansados y agobiados, y yo les daré descanso. Carguen con mi yugo y aprendan de mí, pues yo soy apacible y humilde de corazón, y encontrarán descanso para su alma».

MATEO 11:28-29

No hay mejor grito que el que viene desde el fondo de las montañas; ninguna oración es tan del corazón como aquella que sale del fondo del alma debido a las pruebas difíciles y las aflicciones. Ya que ellas nos llevan hasta Dios y somos más felices, porque la cercanía a Dios es felicidad.

CHARLES SPURGEON

Descanso y recuperación

*H*oy en día los hospitales son para gente en realidad enferma. Tan pronto sales de la crisis, estás sentado en una silla de ruedas cruzando la puerta. Te encuentras todavía portando sondas que necesitan ser revisadas cada pocas horas, debes parar en la farmacia local para comprar las medicinas para el dolor, y necesitas ayuda para bajar del auto y caminar hasta la casa. Cuando llegas adentro, te derrumbas en un reclinable y te cubres con una frazada.

Permanecer sentado sin moverse por largos períodos es una prueba cuando te sientes bien. Nos levantamos con el despertador para trotar por la mañana, nos apresuramos en la ducha y durante el desayuno para salir a tiempo. Luego nos deslizamos a través del tráfico hacia el trabajo, donde colgamos nuestra chaqueta, encendemos la computadora y revisamos los mensajes y nuestra agenda diaria. Los días pasan en un abrir y cerrar de ojos.

Sin embargo, cuando se trata de recuperarse de una cirugía o un tratamiento de cáncer tenemos que descansar. El descanso es esencial para que el cuerpo se recupere y resulta un tiempo maravilloso para alimentar nuestras almas.

Algunos de mis mejores momentos con Dios fueron durante los días siguientes a la cirugía, cuando pasé largas horas leyendo las Escrituras, llevando un diario, hablando con los amigos, dando pequeñas caminatas y orando. No tenía a dónde ir, a nadie que ver... nada que hacer. La vida estaba detenida. Podía sencillamente permanecer en los cálidos y amplios espacios de la curación. Yo era María en lugar de Marta, sentada a los pies de Jesús, empapándome de sus conocimientos en lugar de apresurarme en la cocina.

Por desdicha, a veces se necesita de una crisis para ponerle freno a nuestro frenesí a través de la vida. Dios nos creó a todos con una necesidad de descanso, para que durante la noche se reparen las células y los músculos que hemos usado durante el día. Al principio de la creación, Dios recomendó que apartáramos un día de la semana para hallar descanso en él, para que cuando nos encontrásemos con otros creyentes un domingo para alabar y adorar a Dios, nos refrescáramos y renováramos para otra semana de trabajo.

También podemos construir pequeños momentos sabáticos a diario al apartar una o dos horas para encontrarnos con Dios en oración, por medio de devocionales y estudios bíblicos. O simplemente podemos sentarnos ante él, esperando que nos hable. Si hacemos eso, es posible que nuestras vidas no se vuelvan tan frenéticas que se necesite algo como el cáncer para mostrarnos lo que en realidad importa.

Sólo en Dios halla descanso mi alma; de él viene mi esperanza. Sólo él es mi roca y mi salvación; él es mi protector y no habré de caer.

Salmo 62:5-6

Que Dios mismo, el Dios de paz, los santifique por completo.

1 Tesalonicenses 5:23

Mis amigos dicen que han llegado a apreciar su enfermedad. El tiempo en la cama, en el hospital, en la casa, y el cuidado brindado por el personal médico y su familia, les han ayudado a descubrir nuevos valores, a desarrollar una fe más profunda en Dios, y a crecer en amor y compasión.

Mildred Tengbom.

EL CÁNCER ES TAN LIMITADO QUE ...
No puede matar la amistad

Para eso son los amigos

*C*uando a mi amiga Karen la abandonó su esposo, no todos sus amigos pudieron entender por lo que ella estaba atravesando. Algunos le hacían preguntas bastante insensibles sobre su fracaso matrimonial. Karen no necesitaba gente como esa cuando su corazón estaba roto.

Ella me dijo: «Me he dado cuenta de cuán necesario es rodearme de gente que me apoye en estos momentos».

La gente dice cosas bastante extrañas sobre el cáncer también, por ejemplo: «No parece que tuvieras cáncer». (¿Cómo respondes a una cosa como esa?) «Debes ser una persona muy especial para que Dios te haga pasar algo así». (Como le dijo Tevye a Dios en El violinista en el tejado: «¿No podrías escoger a alguien más?») «Bueno, todos vamos a morir algún día» (Así que olvídate del cáncer… ¿verdad?)

La gente que acaba de ser diagnosticada con cáncer no necesita explicaciones o racionalizaciones o incluso de las Escrituras (por lo menos no al inicio) cuando la mente y las emociones están alteradas.

Necesitamos el silencioso apoyo de alguien como George, que me dijo unos meses después de haber sido diagnosticada: «Hay dos personas por las que oro a diario, tú y Pauline» (otra sobreviviente del cáncer).

Necesitamos gente como Mary, que me contestó un día cuando le confié que estaba tan cansada que no podía enfocarme ni siquiera en una oración: «Cuando te sientas demasiado cansada o desalentada para orar, pídenos que lo hagamos por ti. Para eso son los amigos».

Necesitamos gente como Diane, Ed, Cindy, Louie e innumerables sobrevivientes de cáncer que están dispuestos a caminar la jornada contigo, comparando notas de los pronósticos, tratamientos, efectos colaterales y asuntos de fe.

Y lo increíble es que yo no busco a esta gente; Dios me la envía. Cuando me siento en especial necesitada y comienzo a buscar ayuda por mí misma, no siempre consigo lo que necesito. Pero cuando voy primero ante Dios, pidiéndole sabiduría y guía, él provee justo lo que me hace falta. Él responde a mis peticiones enviando amigos que, por medio del Espíritu de Dios, sienten lo que perturba mi corazón: amigos que escuchen sin juzgar cuando necesito desahogarme; amigos que me busquen cuando siento pena de mí misma; amigos que aboguen por mí cuando me siento demasiado cansada para hacerlo yo.

El cáncer no puede matar esa clase de amistad.

Hay amigos más fieles que un hermano.

PROVERBIOS 18:24

[Jesús dijo:] «Estuve enfermo, y me atendieron».

MATEO 25:36

En lugar de alejarte de la gente cuando la enfermedad sobrevenga, debes buscarla de manera selectiva. Es posible que no haya suficiente tiempo para las relaciones triviales. Escoge a la gente con la que en realidad quieres estar.

AL B. WEIR, M.D

No todo el mundo puede manejar las emociones de una manera que pueda ser útil para ti. Compréndelos. Perdónalos. Aprende a no hacer caso y busca gente que sea fuerte, alguien en quien te puedas apoyar emocionalmente.

RUSTY FREEMAN

Un amigo sobreviviente

*T*ener cáncer puede traer soledad. Además de las largas esperas —para ver al doctor, para que te hagan una resonancia, para hacerte un examen de sangre— pasas largas noches en vela. Todos están fuera de esa zona y tú estás caminando en la oscuridad con tus pensamientos. También están las largas esperas de la recuperación, cuando tu mundo se limita al sofá o a la cama.

Jesús conoció también la soledad. Viajó con doce hombres por más de tres años y aun así la mayoría de ellos no pudo comprender sus parábolas o la verdadera intención de su misión. Las multitudes de gente pedían milagros, pan y otras cosas terrenales, ignorando su enseñanza acerca del reino celestial. Eso debe haberle hecho sentir soledad.

Jesús también fue desafiado por los líderes morales de su tiempo, los cuales cuestionaron sus métodos al ayudar a otros. No importaba si el ciego recuperaba su vista o si el cojo podía caminar; Jesús violaba la Ley al sanar el día de reposo y al atreverse a decirle a la gente que sus pecados le eran perdonados. Seguro que Jesús se sintió solo durante ese tiempo, en particular cuando nadie dio un paso al frente para defenderle.

Debe haberse sentido solo cuando oró en el huerto de Getsemaní, cuando sus discípulos se quedaron dormidos mientras él luchaba con su inminente muerte. Pero cuando más soledad debió sentir fue cuando Dios le abandonó en la cruz: «Dios mío, Dios mío, ¿por qué me has desamparado?», exclamó Jesús.

No hay un aspecto de la soledad que Jesús no haya experimentado, y por eso él entiende de verdad todo lo que estamos sufriendo. Él está ahí para nosotros cuando nos sentimos en extremo abandonados. Le buscamos y él viene a nosotros en su Palabra, en la letra de una canción, en una tarjeta o en una llamada que levanta nuestro espíritu. Está presente en los signos de sanidad de nuestro cuerpo y en cada resultado alentador de los exámenes médicos. Está con nosotros durante la espera y en la oscuridad.

Él mismo está presente, así como lo dice el viejo himno: «Él camina con nosotros, habla con nosotros y nos dice que somos suyos». Nunca estamos solos cuando Jesús es nuestro amigo.

Él fue traspasado por nuestras rebeliones, y molido por nuestras iniquidades; sobre él recayó el castigo, precio de nuestra paz, y gracias a sus heridas fuimos sanados.

ISAÍAS 53:5

Le llevaban todos los enfermos [a Jesús], suplicándole que les permitiera tocar siquiera el borde de su manto, y quienes lo tocaban quedaban sanos.

MATEO 14:35-36

[Jesús dijo:] «Les aseguro que estaré con ustedes siempre, hasta el fin del mundo».

MATEO 28:20

He sostenido muchas cosas en mis manos y las he perdido todas; pero las que he puesto en manos de Dios, son las que todavía poseo.

MARTÍN LUTERO

Si no tienes una, consigue una máquina contestadora. Tu vida privada está a punto de convertirse en la única razón por la cual la gente se contacte contigo.

EMILY, SOBREVIVIENTE DE CÁNCER DE SENO.

Relaciones restauradas

*D*onna era una poderosa maestra. Ella me enseñó a escribir en el colegio, no solo mostrándome cómo, sino diciéndome que tenía un don y alentándome a usarlo. Su apoyo fue definitivo, tanto fuera como dentro de la universidad. Su aliento me permitió seguir garabateando, incluso cuando había dejado de pensar en ser escritora como una profesión. Con el tiempo, su confianza me envió a hacer un curso de postgrado, donde obtuve una maestría en comunicaciones. Fue así como inicié una carrera como escritora y editora.

Con todo, no había visto a mi profesora de colegio en cuarenta años. Por lo que luego de una reunión de compañeros, al fin decidí llamarla. Ella me recordaría, estaba segura, pero, ¿cómo respondería? Nuestra intensa amistad que se había desarrollado durante los años de colegio había sido ambivalente: me había inspirado, pero también me había desanimado. No estaba segura de cómo procesar dicha experiencia. Es por eso que durante años la había guardado en lo profundo del armario, envuelta en el temor.

Una vez una amiga me dijo que el cáncer te proporciona audacia. Te lleva al filo de la vida y luego te amenaza con empujarte a un despeñadero. Te puedes caer estrellándote contra las rocas o puedes aprender a volar como un águila. Yo elegí extender mis alas, y con esa decisión me armé de coraje para lidiar con los asuntos no terminados.

Fue así como un día llamé a Donna.

«He querido hablar contigo por años», me dijo ella. Tomamos té esa tarde, sacudimos el polvo acumulado durante los años en nuestra relación, y con ello, mucho del temor. Nos reconciliamos, no como estudiante y maestra, sino como dos adultos con historias que compartir. Durante los cuarenta años que no nos habíamos visto ambas habíamos sido probadas por la adversidad (Proverbios 17:17). A través de las intensas experiencias, como el cáncer y la pérdida de seres queridos, ambas nos habíamos acercado al Señor, que nos había refinado y ahora nos llamaba a limar nuestras diferencias.

En lugar de matar la amistad, el cáncer puede hacer que apreciemos más a los amigos que tenemos. También nos puede dar la valentía para renovar las relaciones con amigos que no habíamos visto en años.

Risa sanadora

*C*uando un amigo tuvo un mal día, lidió con él viendo una película muy triste y haciendo una fiesta con la tristeza personal.

Yo prefiero una buena risa cuando las cosas no están yendo bien. La película *Mi año favorito*, con Peter O'Toole, me hace reír a carcajadas. De igual forma lo hace *Mi chofer*, con Deborah Foreman. La última película que he incorporado a esta lista de la risa es *Las chicas del calendario*, una producción británica que me ha hecho reír en una sala del hospital. También los libros me divierten, aunque me siento un poco fuera de lugar riéndome a carcajadas cuando la gente a mi alrededor no sabe de qué me río.

Además, cultivo amistades que pueden ser divertidas en cualquier situación, incluso a través del cáncer. Pueden reírse conmigo mientras nos probamos extravagantes pelucas o sombreros, cuando se unen a mí para inventar historias de la gente que se encuentra en una sala de espera, al improvisar escapes de las habitaciones de un hospital, y al preparar travesuras para hacerle al flebotomista que no puede agarrar mi vena al primer intento. Como Proverbios 17:22 dice: «Gran remedio es el corazón alegre».

La risa es un asunto comunal. Te saca de ti mismo y te proyecta hacia los demás, así como la sonrisa de un bebé te invita a jugar. Un giro inesperado, un descuidado resbalón, un ruido gracioso, un momento de tontería... todo puede quebrantar las barreras del temor y el dolor. Claro, esto es escapismo, pero hay momentos en los que todos necesitamos oler el gas de la risa para sobrellevar el dolor.

La risa también es terapéutica. Hace muchos años Norman Cousins tuvo la corazonada de que la risa le ayudó a recuperarse de una seria enfermedad. Subsecuentes investigaciones han probado que estaba en lo correcto. La risa nos ayuda a sanar.

Aférrate a tu sentido del humor. Úsalo en la forma de una sonrisa para conectarte con otros. La gente que se puede reír junta se divierte demasiado como para renunciar a la vida.

Todo tiene su momento oportuno; hay un tiempo para todo lo que se hace bajo el cielo ... un tiempo para llorar y un tiempo para reír.

ECLESIASTÉS 3:1,4

Más bien, mientras dure ese «hoy», anímense unos a otros cada día.
HEBREOS 3:13

Siempre me ha parecido que una risa del corazón es una buena manera de trotar internamente sin tener que salir afuera.

NORMAN COUSINS

La risa es terapéutica. De alguna manera me da el espacio emocional que necesito para enfocarme en el gran escenario.

CARLA, SOBREVIVIENTE DE CÁNCER DE SENO.

La risa tiene mucho en común con la oración. En ambos casos, nos paramos en terreno similar, reconociéndonos libremente como criaturas caídas. Nos tomamos con menos seriedad.

PHILIP YANCEY

Los mejores momentos que cualquiera de nosotros puede tener como ser humano son aquellos en los que, por un corto instante, nos es posible escapar del estrecho cajón de ser yo para ir a la amplia llanura de ser nosotros.
FREDERICK BUECHNER

La risa es la mejor medicina para una vida larga y dichosa. El que ríe, vive.

WILFRED A. PETERSON

EL CÁNCER ES TAN LIMITADO QUE...

No puede borrar los recuerdos

Obtenga el mayor tiempo posible

*F*ijarse objetivos es una parte esencial de la lucha contra el cáncer. Completar la quimioterapia, terminar un edredón de retazos, escribir un libro, asistir a una reunión familiar, correr una maratón, todas son motivaciones que nos mantienen perseverando. Otra forma de alentarnos cuando padecemos de cáncer es recordar cómo Dios ya nos ha otorgado prórrogas de vida.

Hace trece años, cuando me diagnosticaron cáncer de seno, oré por el tiempo suficiente —solo tres años— para ver a mi hijo iniciar su carrera de medicina y a mi hija casada. Desde entonces, mi hijo ha llegado a ser un médico que ejerce su práctica en la sala de emergencias, y mi hija y mi yerno nos han dado tres hermosos nietos. Dios me dio mucho más de lo que le había pedido.

¿Qué voy a hacer con el tiempo?

En ocasiones pienso en Ezequías, el buen rey de Judá, que lloró cuando supo que estaba muriendo. Dios le otorgó quince años más de vida. Durante ese tiempo el rey les mostró sus tesoros a los enviados de Babilonia. Cuando el profeta Isaías le reprochó a Ezequías diciéndole que Babilonia podría llevarse luego ese tesoro, el rey simplemente suspiro con alivio pensando: «Al menos mientras yo viva, sin duda que habrá paz y seguridad».

¿Qué es lo que hacemos con una prórroga de vida? ¿Mimarnos con ropa, juguetes, viajes, mostrar lo que hemos obtenido, relajarnos, sabiendo que estamos seguros por un poco más de tiempo? ¿Qué es lo que Dios nos llama en realidad a hacer?

Es posible que él quiera que vivamos un día a la vez hasta que estemos lo suficiente saludables como para reasumir actividades más complejas. Quizá desee que pasemos más tiempo con aquellos que nos van a sobrevivir, construyendo un duradero legado de amor. Tal vez necesitamos sobreponernos a nuestra preocupación personal para poder ayudar a alguien más.

Sin importar lo que Dios te haya llamado a hacer, aprovecha cada día como una oportunidad y un desafío para usar tu vida en algo valioso.

TIEMPO DE SANIDAD

Cuando padecemos de cáncer, el mundo nos puede acorralar, haciéndonos creer que esto es todo lo que hay. No podemos pensar en nada más que en esta enfermedad. Estamos atados a ella, cautivos de sus caprichos. Nos ponemos nerviosos por una cirugía. Luego de recuperarnos de la cirugía estamos obsesionados con el tratamiento. Cuando terminamos la quimio o la radiación nos preocupamos de que el cáncer reaparezca. Cuando el cáncer recurre comenzamos a hacer un cálculo de nuestras oportunidades de sobrevivir. Incluso cuando la amenaza ya pasó no nos sentimos seguros.

Nosotros no tenemos cáncer, el cáncer nos tiene a nosotros.

Cuando esto sucede, es posible que sea el tiempo de mirar atrás. Así como los israelitas del pasado, que necesitaron que se les recordara cómo Dios los había sacado de la esclavitud y los había traído a través del desierto hasta la tierra prometida, nosotros necesitamos recordar las veces en que hemos sido sanados en nuestra vida.

¿Recuerdas cuando tuviste gripe? Tosiste hasta que las costillas te dolían, tu cabeza se sentía como aplastada por una roca, y tu cuerpo ardía. El doctor no te recetó antibióticos porque se trataba de una infección viral, así que simplemente tuviste que resistir. Pero con el tiempo te mejoraste.

¿O recuerda cuando te resbalaste en la acera y te rompiste la pierna? Tuviste que cargar el yeso por seis semanas, balanceando tu cuerpo en las muletas. Manejar, subir las escaleras, caminar en el estacionamiento, todo era un reto. Por primera vez en tu vida reconociste el valor de los espacios de estacionamiento reservados para las personas discapacitadas. Sin embargo, al final el yeso se fue y tú volviste a caminar.

El cuerpo tiene una extraordinaria capacidad para sanar. Todas nuestras células tienen la memoria de la salud. Incluso cuando han sido atacadas por una lesión o una enfermedad, ellas quieren volver a la normalidad. Dios, que nos diseñó de esta forma, desea más que salud física para nosotros; él quiere que seamos sanos en todo sentido: cuerpo, mente y espíritu.

En Romanos 1 se nos dice que nosotros tenemos plantado en nuestro espíritu el conocimiento de Dios. El pecado, al igual que el cáncer, trata de pervertir ese conocimiento, pero entre más lejos estemos de Dios, más desdichados somos. La única sanidad verdadera es a través del Hijo de Dios, Jesucristo. En él encontramos la clase de restauración para nuestras almas y cuerpos que trasciende toda enfermedad.

Tú me devolviste la salud y me diste vida. Sin duda, fue para mi bien pasar por tal angustia.

ISAÍAS 38:16-17

El cuerpo humano es su propio y mejor farmacéutico… las recetas más exitosas son aquellas prescritas por él mismo.

NORMAN COUSINS

Lo que yo quiero que mis pacientes hagan es enfocarse en su mejoría y en lo que ellos pueden hacer al respecto, en lugar de enfocarse en el cáncer y en cómo están enfermos.

HAROLD H. BENJAMIN

Lo que la gente ha hecho

*L*os amigos de la iglesia nos trajeron comida después que salí del hospital luego de una estadía de casi un mes. Sopa casera con panecillos; un festín navideño de Nueva Zelanda con cordero, papas y fríjol fresco; salmón asado, arroz y ensalada; pollo rostizado, puré de papas, torta de manzana… ¡qué delicias! El solo recuerdo de esas comidas me hace suspirar. No solo me abrieron el apetito de nuevo; sino que me conmovieron. ¡Cuánta generosidad y amorosa preocupación!

Las cartas que recibí también me levantaron el espíritu. Cada día era una ocasión especial cuando abría un sobre escrito a mano. Recogí y guarde todas estas hermosas cartas, tarjetas y notas en una canasta. En ocasiones las vuelvo a leer, reflexionando en cuán buena había sido la gente con nosotros cuando lo necesitábamos.

De acuerdo al autor Ram Cnaan en su libro *The Newer Deal*: *Social Work and Religion in Partnership* [El nuevo acuerdo: trabajo social y religión en sociedad], la norma para las iglesias en los Estados Unidos es proveer servicios sociales tales como cuidar a los enfermos y necesitados.

Los creyentes, cuyo modelo es Cristo, llegan a otros porque es lo correcto. Su único deseo es poder hacer más.

En ocasiones puede ser difícil recibir toda esta generosidad. ¿Cómo podemos aceptar todos estos obsequios sin devolver de alguna forma toda esa gentileza? ¿Cómo podemos agradecer lo suficiente a las personas por su comida, su transporte, su correspondencia, sus oraciones y visitas?

Por supuesto que podemos enviar notas de agradecimiento, pero eso no es suficiente. Estamos tan alimentados y fortalecidos por su amoroso cuidado que somos capaces de unirnos a ellos una vez más en las actividades de la iglesia. Cuando nos sentimos más fuertes, podemos responder a su ejemplo proveyendo comida para la siguiente persona que lo necesite.

Aun más, podemos recordar sus regalos como un símbolo de lo que Jesucristo ha hecho por nosotros. Cuando estábamos perdidos en el pecado, él dio su vida por nosotros para que fuéramos salvados. Recordamos y creemos eso. Cuando recibimos la copa y el pan de la Santa Cena para conmemorar el maravilloso regalo de Cristo, asimismo abrimos nuestro corazón a la gente que está comiendo y bebiendo con nosotros. Ellos también son el cuerpo y la sangre de Cristo, dado a nosotros por él para nutrirnos y alimentarnos.

Preocupémonos los unos por los otros, a fin de estimularnos al amor y a las buenas obras.

HEBREOS 10:24

Ya sea que coman o beban o hagan cualquier otra cosa, háganlo todo para la gloria de Dios.

1 CORINTIOS 10:31

Bendecidos aquellos que pueden dar sin recordar y recibir sin olvidar.

ELIZABETH BIBESCO

Básicamente, no estamos en la tierra para vernos unos a otros, sino para ver unos por otros.

PETER DE VRIES

75

AMABILIDAD INESPERADA

*U*na vez esperé casi seis semanas por los resultados de una resonancia magnética que determinaría si mi cáncer de seno se había propagado a mi cadera. Se suponía que el doctor iba a llamar, pero no lo hizo. Si hubiese tenido un celular en esa época, me lo hubiera colgado del cuello. En lugar de eso me quedé pegada al teléfono de la casa, sintiéndome como un perro encerrado tras una cerca de seguridad invisible.

Mi hija, que había trabajado administrando un consultorio de oncólogos, me sugirió que llamara a la oficina del cirujano ortopédico de nuevo. «Sé cortés», me dijo. «No descargues tu ira en contra de los empleados de la oficina. No es culpa de ellos».

Seguí su consejo y al día siguiente estaba hablando con el doctor. Él había intentando comunicarse conmigo a un número equivocado. Lo que tenía era una fractura por estrés, no se trataba de cáncer.

Comparto ese consejo cuando escucho a otros inquietarse por la demora en la entrega de los resultados. Les explico que los oficinistas reciben muchos reportes a diario, y que es difícil que puedan recordar el de ellos. Además, es trabajo del doctor explicar esos resultados. Verifica el número al que te pueden contactar, y agradéceles por su ayuda.

Un poco de amabilidad hace mucho. Con el tiempo, los oficinistas y otros empleados médicos pueden convertirse en amigos indispensables. En lo personal, estoy muy agradecida por dos mujeres que trabajan en la oficina de mi oncólogo. Ellas reconocen mi voz por teléfono, y con genuina preocupación me preguntan cómo estoy y en qué me pueden ayudar. Ya sea que se trate de renovar una receta, seguir algún procedimiento, o pedirle al doctor una información, ellas lo hacen de forma rápida y eficiente. No hay palabras para reconocer lo suficiente a esas personas.

También estoy agradecida por la persona responsable de las reclamaciones que me ayudó con mi seguro. Casi me declaran un soldado ausente sin permiso en un documento militar, pues había sido clasificada antes como receptora de médula por un tipo de cáncer y luego terminé desarrollando cáncer de otro tipo. Todos relegaban los pagos, pero los avisos de vencimiento seguían llegando a mi nombre. No hubo un cese al fuego hasta que Mary se hizo cargo. Esa mujer trabajó en mi caso hasta que todas las cuentas fueron pagadas. Cuando le envíe una nota de agradecimiento, ella me envió otra diciéndome que yo estaba en la lista de personas por las cuales oraba cada día: «Familia, amigos y también mis reclamantes».

El cáncer hace que te relaciones con gente que nunca pensaste conocer. Algunos de ellos se vuelven amigos de por vida.

Panal de miel son las palabras amables: endulzan la vida y dan salud al cuerpo.

PROVERBIOS 16:24

No podemos hacer lo que Dios nos ha llamado a hacer sin involucrar a otros.

DARLE LE BARRON

EL CÁNCER ES TAN LIMITADO QUE...
No puede silenciar el valor

El control anual

«El temor está aún a flor de piel», comentó Ellie al referirse a los chequeos anuales de su esposo. Aunque habían pasado años desde que el linfoma cediera, ella había esperado en extrema angustia toda una mañana la llamada de su esposo Howard, que al fin le dio el «todo está bien» oficial. Más tarde, ambos se abrazaron y lloraron, exhaustos por completo al tener que pasar por semejante calvario.

El problema con algunos tipos de cáncer es que te puedes sentir de maravilla y aun así tener la enfermedad. En otras ocasiones puedes tener síntomas, como una tos persistente, un dolor abdominal o fatiga, y no padecer de nada más que de un «cáncer de dedo del pie». Por supuesto, tal cosa no existe, y ese es justo el punto. Con el tiempo los síntomas desaparecen y te sientes un poco tonto cuando le hablas del problema a alguien, sin mencionar cuando alertas al doctor, el cual ordena exámenes que muestran que no sucede nada y que lo único que hiciste fue desperdiciar una gran suma de dinero.

Incluso así, el chequeo anual es un desafío. Es un recordatorio de lo que has tratado de olvidar… un encuentro con un enemigo mortal que casi tomó tu vida. Como veterano de guerra, lo único que quieres es colocar esos recuerdos en una caja y donarlos a la beneficencia.

La cita anual es también un encuentro con la realidad, que te lleva a preguntarte por enésima vez: ¿Cuán seguro estoy en verdad de que el cáncer no recurra? Una vez vi un documental de noticias canadiense acerca de cómo las células del cáncer de seno se esconden en el tejido, esperando que un detonante las active. ¿Cómo nos podemos sentir seguros una vez que hemos tenido cáncer? ¿Cómo podemos dejar de preocuparnos?

Algo que nos da valor es darnos cuenta de que por cada chequeo con posibles resultados sorpresivos hemos escuchado por muchos años un rutinario «todo está bien». Por lo tanto, los resultados anormales son la excepción, no la regla.

Otra cosa que nos puede dar valor es escoger visualizar al chequeo anual como otro hito. Dios nos ha llevado con seguridad a través del cáncer otro año más y continuará haciéndolo en el futuro, sin importar lo que el doctor pueda encontrar. Podemos usar ese tiempo para agradecerle a Dios por la sanidad, para renovar nuestro compromiso de confiar en él sin importar lo que suceda y para celebrar un año más en el camino hacia la gloria.

Participación en el tratamiento

«Tenemos opciones», me dijo mi doctor en el último chequeo. No pudo haberme dicho nada más dulce. Luego de haber soportado nueve meses de tratamiento para la leucemia, no podía seguir adelante. Estaba tan deprimida que ya no quería vivir. Así como Elías, oré: «He tenido suficiente, Señor. Toma mi vida». Mi mundo se había reducido a un pensamiento de «todo o nada». O bien podía hacer la quimioterapia y morir emocionalmente, o no hacerla y morir físicamente. Ninguna de las dos posibilidades era en particular aceptable.

La palabra opciones le quitó las barreras a esta clase de pensamiento. Hizo estallar el techo de la prisión que yo misma había construido. Mientras el doctor me mostraba las opciones —descontinuar el tratamiento; tomar solo una de las tres drogas; intentar algo diferente— sentí que la esperanza renacía en mí. Ya no era el receptor pasivo de un protocolo médico; una cartilla en blanco en la cual otros ponen sus recetas; un trozo de carne al cual pinchar. En realidad, era un ser humano con voz y voto.

¿Por qué son tan importantes las opciones? En primer lugar, ellas le ponen freno a una enfermedad que te ha enviado al fondo como llevado por un tren a toda velocidad. No hay señales de pare, ni de ceda el paso, ni de curva peligrosa durante este viaje. Se trata simplemente de una carrera a toda velocidad y contigo sosteniéndote de las uñas.

Las opciones te llevan de la parte de atrás del tren al frente. Si no estás en el asiento del conductor, por lo menos tienes su completa atención. Te sientes menos a merced de otros y más en control con respecto a lo que te pasa.

Las opciones también te reafirman como un protagonista en tu tratamiento. Si no dices lo que te está pasando, el resentimiento y la ira van a hacer nido en ti. En lugar de expresar esos sentimientos, los reviertes contra ti mismo o contra aquellos que tratan de ayudarte.

Sin embargo, el verdadero poder de las opciones es saber que puedes encargárselas a Dios, confiando en que él está en control de tu vida y les guiará a ti y a tu doctor a tomar las decisiones correctas. Eso te da la valentía para participar y regocijarte en el tratamiento.

Cómo vivir con la recurrencia

Por dieciséis meses había estado libre del linfoma. Rituxan, el arma mágica para el tratamiento de la enfermedad de no Hodgkin, había atacado las células malignas de mi ingle, pecho y abdomen, reduciéndolas a ellas y a los respectivos síntomas tales como el sudor nocturno, la picazón y la fatiga. Me sentía de maravilla hasta la mañana en que estaba conversando con alguien en mi trabajo y rocé mi piel sobre el lado izquierdo de mi cuello.

Más nódulos.

El doctor me había advertido sobre la recurrencia, me había dicho que no debía confiar por completo en estar curada. Aun así la esperanza, el optimismo, la negación —cualquier cosa que haya sido— evitó que yo mirase en esa dirección. Me sentía de maravilla, por lo tanto, estaba bien.

Cuando las tomografías y los exámenes de sangre confirmaron que el linfoma había regresado, debí cambiar mi modo de pensar acerca del cáncer. En lugar de verlo como un oponente que debía ser vencido en un solo asalto y de un solo golpe, tuve que concebirlo como una molestia persistente con la cual debería lidiar de manera periódica por el resto de mi vida. En vez de querer curarlo, tuve que asumirlo como una enfermedad crónica.

De alguna manera, pensar así te da el coraje para seguir adelante. De seguro te vas a cansar de pelear esta al parecer interminable batalla. Te cansarás de conducir hasta el hospital, permitir que pinchen tu brazo, esperar que las medicinas sean introducidas en tus venas, recoger recetas que minimizan los efectos secundarios. No obstante, sobrellevarás todo esto por la gracia de Dios, las oraciones de su pueblo, tu terco deseo de eliminar estas cosas de tu vida, y los promisorios avances de la medicina.

El apóstol Pablo tenía una enfermedad crónica. No sabemos con exactitud qué era —dolores de cabeza, epilepsia, problemas oculares— pero él le suplicó al Señor por lo menos en tres ocasiones que se llevara a este «mensajero de Satanás». Dios no lo hizo. El Señor sabía lo que era mejor para él. En su debilidad, el apóstol aprendió a apoyarse en la fortaleza de Dios. Lo que es más, el poder de Dios se hizo evidente a otros a través de la enfermedad crónica de Pablo.

Cada día que vivimos nos da el coraje para enfrentar el siguiente y para probarles a otros que lo que Dios hace es lo mejor.

PROBANDO COSAS NUEVAS

*E*l cáncer puede mejorar tu calidad de vida. Te puede dar el valor para dejar atrás viejos patrones e intentar cosas nuevas.

Parte de ese valor proviene de darnos cuenta de lo que significa saber que nuestros días están contados; que el punto final de nuestra vida ha salido de la niebla, se ha definido y se mueve hacia nosotros. Y debido a que percibimos la meta final, queremos hacer todo lo que sea posible antes de que la carrera termine. Por ello, asumimos retos que habíamos dejado a un lado durante años, como por ejemplo iniciar un grupo de apoyo, reconciliarte con un hermano o hermana, o incluso limpiar el sótano. Concebimos la vida como un «ahora o nunca».

Algo de este valor también proviene de haber enfrentado el temor. Hemos confrontado al agresor más grande de nuestra vida —el cáncer— y hemos sobrevivido. Eso nos da la valentía para enfrentar otras amenazas. Por ello, cualquier cosa que nos haya paralizado antes —miedo a caer, miedo a arriesgarnos, miedo a la pérdida, miedo a lo que diga la gente— nos parece trivial. Empezamos a seleccionar cosas que deseábamos haber hecho y las reconsideramos sin temor.

Conozco a una persona sobreviviente del cáncer que vendió su casa, se compró una casa rodante y comenzó a viajar por el país, restableciendo relaciones con la gente. Conozco otra que dejó de decir: «Ojala hubiese…» y tomó clases de piano; otra que dejó de poner excusas y comenzó a escribir un libro; y otra que al final buscó consejería y se hizo valer ante una relación abusiva.

Sin embargo, yéndonos a otro nivel, el valor para probar cosas nuevas proviene de una experiencia que hace añicos tu vida y por lo tanto no tienes otra opción que iniciar una nueva. El cáncer te lleva al final de ti mismo, hace que te percates de que no hay nada que puedas hacer para salvarte. Te apoyas por completo en Dios, porque es lo único que tienes.

Así como dice el Salmo 40, él te recoge, pone tus pies sobre una roca y te da terreno firme en el cual pararte, pone en tu boca un cántico nuevo y en tus labios un himno de alabanza, por lo que «al ver esto, muchos tuvieron miedo y pusieron su confianza en el SEÑOR» (Salmo 40:3). Él te da el coraje para probar cosas nuevas.

El SEÑOR te guiará siempre; te saciará en tierras resecas, y fortalecerá tus huesos. Serás como jardín bien regado, como manantial cuyas aguas no se agotan.

ISAÍAS 58:11

Considérense muy dichosos cuando tengan que enfrentarse con diversas pruebas, pues ya saben que la prueba de su fe produce constancia.

SANTIAGO 1:2-3

Todos morimos. No vivir es fracasar.

SYDNEY J. WINAWER, M.D.

EL CÁNCER ES TAN LIMITADO QUE...
No puede invadir el alma

RECONOCIMIENTO DEL ALMA

*P*apá yacía acostado en la sala familiar. No le había visto durante seis semanas, por eso mi mamá me advirtió: «Él no te puede ver, está ciego, pero sabrá que eres tú».

Ella estaba en lo correcto. Aunque el cuerpo de papá se había consumido por el tumor que invadió su estómago, aunque parecía más un hombre de noventa que de sesenta y un años, aunque su vista hubiera fallado debido a la mala nutrición, él me reconocía aún.

«Hola», dijo papá, «¿tuviste un buen viaje?»

Él no podía verme y yo a duras penas lo reconocí, pero ambos pudimos identificarnos el uno con el otro. Pudimos comunicarnos alma con alma.

¿Qué es nuestra alma en realidad? Por cierto no es lo más visible ante los demás. Yo he tenido cabello largo, cabello corto, cabello rizado y nada de cabello, pero en verdad mi cabello no me define. He sido niñera, cajera, mesera y editora, pero eso no revela mi alma tampoco. Cómo luzco, lo que hago, lo que he logrado, todo forma parte de mí, pero no define lo que en realidad soy.

Mi familia sabe más de mí que la mayoría de la gente. Me han visto enfurecida vistiendo mi ropa de trabajo y deprimida y vencida en la silla más cercana. Han caminado junto a mí al salir de una cita con el doctor, sabiendo que me he mostrado como si fuera de hielo, pero que pronto comenzaré a derretirme.

Están tan afinados con mis sentimientos que pueden percibirlos por el teléfono. «¿Estás bien?», pregunta mi esposo desde algún lugar en Minnesota. «¿Quieres que regrese a casa? ¿Qué te parecería cenar mañana por la noche?»

Sin embargo, ¿en realidad conocen mi alma? Si lo hicieran, ¿sentirían repulsión por cómo vacilo entre la compasión y el rencor, la ternura y la crítica? ¿Me ayudarían a salir del oscuro hoyo donde la depresión, el temor, el miedo y la ira se arremolinan? ¿Se impresionarían por mis tentaciones pecaminosas o por aquello que me hace acurrucar como un niño?

En ocasiones, yo misma no puedo ver mi alma, estoy ciega ante ella. Pero Dios no lo está. Como Agar, la esclava de Sara, dijo en el desierto: «Tú eres el Dios que me ve» (Génesis 16:13, RVR). Y él no siente repulsión. En lugar de ello, me recoge, me lleva en sus brazos, y me reafirma con su amor salvador.

El cáncer puede invadir mi cuerpo. Puede hincharlo, desecharlo, mutilarlo y cegarlo. Pero no puede invadir mi alma… porque está segura con Dios.

Aunque camine en la oscuridad, y sin un rayo de luz, que confíe en el nombre del SEÑOR y dependa de su Dios.

ISAÍAS 50:10

Hazme saber, SEÑOR, el límite de mis días, y el tiempo que me queda por vivir; hazme saber lo efímero que soy. Muy breve es la vida que me has dado; ante ti, mis años no son nada. Un soplo nada más es el mortal.

SALMO 39:4-5

El pueblo que andaba en la oscuridad ha visto una gran luz; sobre los que vivían en densas tinieblas la luz ha resplandecido.

ISAÍAS 9:2

Otro refugio no tengo;

reposa mi desamparada alma en vos;

¡Dejarme! Dejarme solo no,

sigue apoyándome y confortándome.

CHARLES WESLEY

El deseo de vivir

Mi hermana menor, Barb, se había rendido. Años atrás su hijo mayor, Joey, había sido diagnosticado con un tumor cerebral maligno. Él seguía vivo luego de la cirugía y la radiación, pero debería luchar toda su vida con el daño cerebral. Ahora, su niña de un año, Corinna, tenía un tumor cerebral que de modo alarmante era similar al de su hermano mayor. Su tamaño era tan grande que ya había tomado un tercio de su cavidad cerebral.

Mientras Barb aguardaba que le realizaran la cirugía a su hija, no podía siquiera esperar que las cosas fueran diferentes esta vez. «No permitas que Corinna pase lo que Joey tuvo que pasar», le suplicaba a Dios. «Solo llévatela».

Por fin, la operación terminó. Mientras Barb caminaba hacía la cama en la que yacía su hijita, sentía pavor de lo que iba a encontrar. Sin embargo, cuando tomó la mano de Corinna, la nena abrió sus ojos y dijo: «¡Mamá!»

Barb lloró, sabiendo que ella y su esposo harían todo lo necesario para honrar el deseo de su hija de seguir adelante.

El deseo de vivir es parte integral del espíritu humano. Es parte de nuestro ADN, nuestra esencia, nuestra alma. Nuestras vidas son cortas, la mayoría de nosotros no llegaremos a los setenta años, o «si las fuerzas nos acompañan», hasta los ochenta (Salmo 90:10). Es posible que experimentemos mucho dolor y tristeza. El salmista dice: «Se esfuman nuestros años como un suspiro» (Salmo 90:9).

Aun así, todo en nosotros se aferra a la vida. Salimos de una cirugía de cáncer sin un seno o un riñón o varios metros de intestino, y nos dicen que vamos a necesitar varios meses de radiación o quimioterapia que quemará nuestra piel, erosionará nuestra fuerza y hará que nuestro cabello caiga, y respondemos: «Adelante, quiero vivir».

Con seguridad hemos conocido el sufrimiento, el dolor y la pérdida, pero también hemos conocido la bondad de la vida, los delicados colores del amanecer, la suave tibieza de un niño al despertar, la dulzura de un durazno maduro, el doloroso amor de la unión marital.

Más que eso, hemos sentido el convincente amor de aquel que nos hizo y nos salvó del pecado que llevábamos, y ahora nos reta a vivir de una manera nueva para él. Y debido a ello, la vida en verdad vale la pena ser vivida.

El gran amor del SEÑOR nunca se acaba, y su compasión jamás se agota. Cada mañana se renuevan sus bondades; ¡muy grande es su fidelidad!

LAMENTACIONES 3:22-23

Éste es mi consuelo en medio del dolor: que tu promesa me da vida.

SALMO 119:50

He aprendido a nunca subestimar la capacidad de la mente y el cuerpo humano para regenerarse, incluso cuando las perspectivas parezcan las más terribles.

NORMAN COUSINS

CONFIANZA COMO LA DE UN NIÑO

*T*eresa dijo que su abuela tenía ochenta y tres años, pero que no se consideraba una persona vieja.

—¿Se mira en el espejo y se pregunta quién es esa mujer mayor? —bromeé yo.

—Sí, pero es que ella no se siente vieja —dijo Teresa.

— ¿Será posible que se deba al hecho de que en el interior nos sentimos como niños? —pregunté.

—Exactamente, el alma no envejece.

Los que hemos vivido lo suficiente sabemos cómo la edad afecta al cuerpo. Con el pasar del tiempo, surgen arrugas alrededor de los labios, manchas en nuestros brazos, ojeras bajo nuestros ojos y callos en nuestros pies. En una caminata incluso ligera, nuestras rodillas fallan. Nuestras caderas nos duelen porque descansamos mucho tiempo en la cama. Nuestra carne se afloja o se cae.

El cáncer nos cobra su peaje también. Aunque por fuera parezcamos los mismos, lo que está bajo nuestra ropa cuenta una historia diferente. Cicatrices blancas y grandes alrededor de nuestros senos, en la espalda, en el abdomen. Un ligero bulto en el pecho que nos recuerda el catéter portátil que nos fue introducido. La piel manchada que refleja la reacción a la quimioterapia. Algunos de nosotros, que hemos perdido un seno o parte de un miembro y que nos ha sido reconstruido, hemos aprendido a sentarnos, a acostarnos y a caminar diferente. Compramos coberturas ortopédicas para los colchones con el fin de dormir mejor por la noche, deslizamos nuestros himnarios detrás de nuestra espalda durante el culto, y recordamos no girar nuestros torsos al cruzar las piernas.

En contraste, nuestras almas permanecen relativamente jóvenes. Aunque en el exterior nos veamos maduros y controlados, en el interior todavía reaccionamos como si nunca hubiésemos crecido. Aún nos resentimos como un niño ante una reprimenda pública, aún nos sentimos heridos cuando alguien nos hace a un lado, aún esperamos algo maravilloso e increíble cuando abrimos un regalo o el correo. Así como los niños pequeños, todavía nos sentimos tentados a comer lo que no debemos, a gastar lo que no tenemos y a intentar engañar sin pensar en las consecuencias de hacer lo incorrecto.

Todavía mentimos, engañamos, robamos, codiciamos y rompemos todos los mandamientos de Dios, incluso luego de toda una vida de pedir perdón por el pecado y de comprometer nuestras vidas a Cristo.

Felizmente, todavía somos capaces de confiar como un niño también. Aunque nuestros cuerpos son frágiles y han sido golpeados, nuestras almas siguen aferradas como recién nacidos a la promesa de salvación a través de la sangre de Jesucristo. Una y otra vez tropezamos y nos quebrantamos ante el Señor, implorando que nos haga criaturas nuevas.

Y —maravilla de maravillas— el Maestro no nos da la espalda. En lugar de ello, nos abre sus brazos y nos acoge, asegurándonos: «Dejen que los niños vengan a mí, y no se lo impidan, porque el reino de los cielos es de quienes son como ellos» (Mateo 19:14).

¡Dios es mi salvación! Confiaré en él y no temeré. El SEÑOR es mi fuerza, el SEÑOR es mi canción; ¡él es mi salvación!» Con alegría sacarán ustedes agua de las fuentes de la salvación.

ISAÍAS 12:2-3

ALIMENTO PARA EL ALMA

*S*oy una comilona. Luego de haber terminado una comida, ya estoy esperando la siguiente. Y mientras tanto, me gusta abrir mi cajón en el trabajo o el refrigerador para buscar algo saladito, crocante, fresco o dulce.

Parte de mi obsesión por la comida se deriva de mis intentos por controlarla. Era gordita cuando niña, lo cual sin duda complacía a mi madre, que equipara el buen apetito con la salud. Comencé a preocuparme por mi peso siendo una adolescente, cuando me di cuenta de que mi mejor amiga, Margene, era más atractiva para los chicos que yo. ¿Era porque usaba dos tallas menos? Aun así, no hice mucho con respecto a mi peso hasta que estuve en la universidad y trabajé como niñera para una vecina, la cual perdió casi cien libras a través del programa «Quítese kilos de encima de manera razonable» (TOPS por sus siglas en inglés). Comencé a hacer preguntas. Durante los siguientes seis meses empecé a contar las calorías, a cambiar mi alimentación, y perdí veintisiete libras. Los chicos que habían sido simplemente mis compañeros de repente me invitaban a salir.

Desde entonces, con el pasar de los años, he mantenido mi peso bajo control, pero no sin mucho esfuerzo. He contado calorías, llevado diarios de alimentación, reducido la grasa, me han comenzado a gustar los endulzantes artificiales y he comenzado a ejercitarme. Prácticamente he tratado toda dieta imaginable, desde la más razonable hasta la más descabellada.

La más grande ironía de tener cáncer ha sido el impacto que ha tenido sobre mi peso. He perdido docenas de libras debido a la cirugía, la quimioterapia y el estrés. Ha habido ocasiones en que los pantalones han estado tan flojos que he necesitado cinturones para sostenerlos; cuando los vestidos han estado tan holgados que he necesitado cubrirlos con chaquetas o sacos. He mirado mi cuerpo desnudo y me he preguntado: «¿A dónde se fueron todas esas libras?»

Por supuesto, se fueron junto con mi apetito. Estaba demasiado débil o con náuseas o cansada para pensar en la comida, y mucho menos para llevármela a la boca. Así que por último, liberada de este «dios del apetito» (véase Filipenses 3:19, LBLA), tuve más tiempo para el banquete de las cosas celestiales. Devoré los libros de la Biblia, devocionales y sermones, y me sacié con los discos de mis himnos y alabanzas favoritos.

Mientras mi cuerpo adelgazaba, mi espíritu ganaba peso.

Otra vez estoy saludable y cuidando mi peso, pero con una diferencia. Cada vez que me veo tentada a pensar en una cucharada extra, doy gracias por la salud y el apetito por lo que en realidad importa: el alimento para el alma.

¡Con todas las fuerzas de mi ser lo alabaré y recordaré todas sus bondades! Mi Dios me perdonó todo el mal que he hecho; me devolvió la salud, me libró de la muerte, ¡me llenó de amor y de ternura! Mi Dios me da siempre todo lo mejor; ¡me hace fuerte como las águilas!

SALMO 103:2-5

El gozo de sobreponerse a los obstáculos que en una ocasión parecían infranqueables y llevar la frontera de los logros más lejos aún… ¿Hay gozo igual a este?

HELEN KELLER

EL CÁNCER ES TAN LIMITADO QUE...
No puede robar la vida eterna

OSCURIDAD Y LUZ

$\mathcal{E}$l edredón de «Yo Espía» que hice para mi nieto incluía las imágenes de trece repisas en las cuales reposaban ciento sesenta y seis botellas, cada una conteniendo cosas diferentes: caramelos, animales, insectos, juguetes, personajes de dibujos animados, niños… Algunas figuras brillantes tenían como fondo la oscuridad, mientras que otras estaban rodeadas de claridad. El truco consistía en colocar las botellas de manera que no se perdieran unas con otras, sino que se distinguieran gracias a la oscuridad y la luz.

Nuestras vidas son un poco parecidas a los edredones. En su mayor parte, nuestros días están llenos de cosas buenas: amor en el matrimonio, la crianza de los niños, mudanzas, encontrar trabajos, hacer amigos. Vamos de un año al siguiente dando gracias por las bendiciones de Dios.

No obstante, entre los momentos brillantes hay manchas oscuras: trabajos que hemos perdido, proyectos que hemos arruinado, tareas que hemos dejado inconclusas, equivocaciones con nuestros hijos, molestas preocupaciones por el dinero, y por supuesto, luchas con enfermedades como el cáncer.

Tal vez nuestros buenos momentos no serían tan significativos sin los malos. No sabremos cuán refrescante puede ser una noche completa de sueño ininterrumpido hasta que no hayamos sufrido noches de insomnio. No apreciaremos una caminata alrededor de la cuadra hasta que no hayamos estado demasiado débiles como para salir de la cama. Y nunca estaremos tan agradecidos por la salud hasta que escuchemos que nuestro cáncer está en remisión.

Sin embargo, las situaciones contrastantes no son la única respuesta. Eclesiastés 3:11 nos dice: «Dios hizo todo hermoso en su momento». Todas las cosas de la vida aniquiladoras, demoledoras, que producen llanto y sufrimiento, pueden tornarse hermosas en su momento. Pero es difícil ver esto hasta que no haya ocurrido. Es entonces cuando tenemos una noción de cómo Dios nos ha empujado hacia él a través de esos tiempos difíciles, haciéndonos «perfectos e íntegros, sin que nos falte nada» (Santiago 1:4).

Mientras tanto, seguimos adelante, confiando en que un día estaremos más allá de este lugar lleno de contrastes, en uno donde todo resplandece bajo la luz de nuestro Rey Eterno.

MÁS ALLÁ DEL DOLOR

*E*n ocasiones, lo que me ayuda a atravesar un difícil procedimiento médico es pensar más allá de él. Cuando dos técnicos médicos me estaban escarbando una vena para introducir un catéter que iba de mi brazo al corazón, me proyecté a un momento en el cual mi hermana y yo estaríamos de nuevo juntas en nuestras andanzas. Me dije a mí misma: «Encenderemos la televisión para ver una película, ordenaremos un almuerzo o caminaremos hasta una tienda de regalos».

Esta técnica me ayudó a recorrer el último tramo de una carrera de veinticinco kilómetros: en lugar de concentrarme en mi pesado pecho y mis adoloridos pies, o en la última cuesta, me concentré en la enorme mesa llena de rodajas de naranja y helados que estaba más adelante, en los abrazos de mi familia y amigos, y en sumergirme en una bañera de agua caliente.

Dicha técnica también me ayudó a atravesar los momentos dolorosos en mis relaciones. Cuando el dolor de haber sido traicionada y rechazada por alguien a quien amé y en quien confié fue tan fuerte que apenas podía funcionar, me dije a mí misma: «Atravesaré esto, lograré hacerlo, llegaré al otro lado».

Tal práctica no es originalmente mía, es la esencia de lo que la gente de fe ha estado practicando desde el principio de los tiempos. Tal como nosotros, Jesús caminó en esta tierra, experimentando sus gozos y tristezas. Él tuvo padres amorosos, aunque en ocasiones ellos no pudieron comprender su llamado. Tuvo compañeros que viajaron con él a todos lados, escuchando sus enseñanzas. Sin embargo, cuando su Maestro estuvo en intenso dolor, no estuvieron a su lado. Las obras milagrosas de sanidad que Jesús llevaba a cabo atrajeron a grandes multitudes, pero esa misma gente le dio la espalda cuando fue sentenciado a muerte por cargos falsos. Y siempre Jesús siguió adelante, poniendo los ojos en su Padre, confiando en él para lo que había de venir.

En medio del dolor y el sufrimiento, haz lo que hizo Jesús: piensa más allá de esto hacia la eternidad.

Pero Dios me rescatará de las garras del sepulcro y con él me llevará.

Salmo 49:15

Momentos duraderos

*H*ay ciertos momentos que deseo que hubiesen durado para siempre.

- Recoger arándanos temprano por la mañana, escuchando a los pájaros, sintiendo el calor del sol e intercambiando pensamientos con mi hermana, mientras llenábamos las cestas.

- Sentarme en la hierba del parque, junto a mi esposo, comiendo queso, pan y aceitunas, poniéndonos de acuerdo para ver Hamlet.

- Tomar fotografías de los nietos jugando en la playa, con el sol escondiéndose todo rojo detrás de ellos, y luego hundiéndose por fin en el agua.

En cierta forma, esos momentos sí duran para siempre, por lo menos en nuestra memoria. Y al recordarlos me hacen reír o suspirar, y también me hacen esperar más.

De la misma manera, hemos experimentado momentos con Dios aquí en vida que son tan valiosos que anhelamos vivir más. Todavía recuerdo la mañana en la que me di cuenta de que no podía seguir viviendo. Oré: «Ya no puedo hacer nada más. Llévame».

Después de eso, la vida cambió. Ya no me sentía obligada a estar con Dios; quería que ese tiempo llegase. Si no tenía un contacto diario con él, me sentía empequeñecida, inquieta, preocupada. Mientras más tenía del Señor, más quería.

También recuerdo cómo me sentí cuando debí operarme debido al cáncer de seno; cómo me sostuve de las promesas de Dios de una vida buena mientras me empujaban hacia un mundo de acero inoxidable, luces brillantes y personas cubiertas con máscaras. Aunque mis dedos de las manos y los pies parecían de hielo, mi corazón estaba tranquilo, no tenía miedo aunque atravesase el valle de sombra de muerte, porque Dios estaba conmigo. Podría haber morado en esa paz para siempre.

Del mismo modo Dios estuvo conmigo hace un año cuando fui hospitalizada por leucemia. Desperté una noche, sintiendo oscuridad, frío y miedo. «Si muero esta noche, ¿estaré lista?», me preguntaba. La duda me inundaba como ángeles negros levantando mi coraza de fe. «Solo a través de la sangre de Cristo», susurraba y me repetía como un niño hasta que ellos se alejaban.

El cáncer puede robar algunos de nuestros momentos, nos puede enfermar, inquietar y asustar, pero no puede robarnos los momentos preciosos con Dios, ni la seguridad de que un día saldremos de nuestros quebrantados cuerpos y caminaremos con él, sanados por completo, en las orillas de la eternidad.

Cuando siento miedo, pongo en ti mi confianza. Confío en Dios y alabo su palabra; confío en Dios y no siento miedo. ¿Qué puede hacerme un simple mortal?

SALMO 56:3-4

Yo les doy vida eterna, y nunca perecerán, ni nadie podrá arrebatármelas de la mano. Mi Padre, que me las ha dado, es más grande que todos; y de la mano del Padre nadie las puede arrebatar.

JUAN 10:28-29

La fe en Dios, que conoce cada fibra de nuestro ser y nos ama a pesar de nuestros pecados, es la estrecha puerta que conecta este mundo con el siguiente.

HENRI J. M. NOUWEN

Un lugar para nosotros

*M*i esposo Paul y yo tuvimos que esperar un poco de tiempo hasta que mi habitación del hospital estuviera lista. Almorzamos, visitamos la tienda de regalos, ojeamos revistas, miramos a la gente y tratamos de no acosar a la recepcionista preguntándole cuándo podíamos subir.

Cuando por fin llegué a mi habitación, en el piso quince, de alguna forma me di cuenta de por qué esto había tomado tanto tiempo. La repisa caoba estaba pulida, la cama hecha con sábanas limpias, los implementos de uso personal estaban listos. No había rastro del ocupante anterior; este era ahora mi espacio. Nadie podía visitarme sin lavarse las manos, usar guantes, máscaras y batas. Yo estaba en una cámara cerrada en la que nadie podía entrar sin primero pasar por un espacio que aislaba el aire exterior. Y aquellos que estaban dentro de mi cámara tenían que estar protegidos de los gérmenes.

Mi habitación era hermosa; tenía una vista muy bonita de la ciudad de Chicago. Durante el día podía ver a la gente y a los autos muy por debajo de mí. Por las noches veía brillar las luces de los altos edificios que me rodeaban. De todos los hospitales que yo conocía, este era por un gran margen el más lujoso.

Me sentí segura, protegida y bien cuidada en mi habitación. Se convirtió en una especie de Betel para mí, un lugar en el cual me sentía muy cerca de las puertas del cielo, y donde prometí continuar mi jornada siempre que Dios estuviera conmigo.

Casi un mes después regresé a casa. Fue ahí cuando me di cuenta de cuán pequeña y estrecha era aquella habitación del hospital. El cielo, al cual solo podía apenas percibir a través de las ventanas, de repente se tornó vibrante para mí. La gente y los carros que se movían a mi alrededor eran enormes. El mundo estaba lleno de color, belleza, movimiento y energía, tanta que apenas podía asimilarlo. Me percaté de que esa pequeña habitación había sido un lugar de prueba. En ella había experimentado todos los efectos colaterales de la quimioterapia: náusea, vómitos, erupciones cutáneas, sangrado, pérdida del cabello, fiebre, dolores de cabeza, infecciones en las membranas que rodean mi corazón y el cerebro. Ahora que me encontraba en casa me di cuenta de cuán enferma había estado.

De cierta forma, esa pequeña habitación es como este mundo. Es todo lo que conocemos como hogar. Pero incluso ahora Jesús está preparando un lugar para nosotros en el cielo; no conocemos mucho de ese lugar todavía, pero podemos estar seguros de que será muy bueno. El mismo Jesús nos llevará hasta allá. Y miraremos hacia atrás, hacia la tierra, y descubriremos que es un valle de sufrimiento, la percibiremos como un lugar por el cual tuvimos que pasar para llegar a otro mejor.

Porque tanto amó Dios al mundo, que dio a su Hijo unigénito, para que todo el que cree en él no se pierda, sino que tenga vida eterna.

JUAN 3:16

Aun si voy por valles tenebrosos, no temo peligro alguno porque tú estás a mi lado.

SALMO 23:4

[Jesús dijo:]«Y después de irme y de prepararles un lugar, vendré otra vez para llevarlos conmigo, para que ustedes estén en el mismo lugar en donde yo voy a estar».

JUAN 14:3 (DHH)

Nuestro destino es llegar a nuestro hogar en el cielo con nuestro Padre. Es muy fácil durante la jornada perder de vista nuestro destino final y enfocarnos en los caminos de esta vida. Pero esta vida es solo un viaje para llegar a nuestro hogar.

BOB SNYDER

Una hora de eternidad, un momento con el Señor, nos hará olvidar por completo toda una vida de desolación.

BOB SNYDER

En los brazos de Dios no hay tiempo. Solo hay amor. Eso es lo que nosotros llamamos eternidad. No un tiempo interminable, sino un amor interminable. Si tienes amor, tienes todo el tiempo del mundo… desde ahora.

JOHN ROBERT MCFARLAND

EL CÁNCER ES TAN LIMITADO QUE...
No puede conquistar el espíritu

Apoyo en la oración

Durante semanas había orado por la dirección de Dios con relación a mi quimioterapia. Después de seis semanas de descanso, luego de haber usado tres drogas que mataron todo excepto mi deseo de seguir viviendo y mucho menos mi habilidad de luchar contra el cáncer, había acordado empezar de nuevo con una de las drogas.

ATRA me tumbó de pies a cabeza. Pasé tres días en la cama con un dolor de cabeza mortal, provocado por un fluido que se acumuló alrededor de mi cerebro. Me tomé un respiro y luego traté de reducir la dosis de la droga. Más dolores de cabeza, además de insomnio, depresión y fatiga. Fui al consultorio del doctor sintiéndome un fracaso. Había suspendido esta quimio. ¿Qué vendría después? ¿Arsénico?

Pero mi doctor tenía algo debajo de la manga de su bata blanca. Luego de escuchar una letanía de quejas, me dio una noticia: «Reportes preliminares de nuevos estudios sugieren de manera consistente que los pacientes en remisión molecular de LPA (Leucemia Promielocítica Aguda, la que yo padecía) que continuaron con la terapia de mantenimiento no mostraron una significativa mejoría en comparación con aquellos que no la siguieron», me dijo. «Te voy a retirar la quimioterapia». Sentí que me habían devuelto la vida.

En ocasiones, cuando oramos, no sabemos por qué orar. Intentamos hacer preguntas para después especular acerca de cómo Dios podría respondernos. Y luego hacemos más preguntas, pensando en las respuestas que tenemos en mente. Pero este proceso no parece ser el correcto. Así que al final dejamos de tratar de adivinar y solo le rogamos a Dios que nos diga qué hacer. Nos sentimos tan débiles, sin dirección y abandonados que es difícil que podamos orar.

Aquí, entonces, ocurre el milagro. Cuando estamos en esa situación, según Romanos 8:26 nos dice, «el Espíritu mismo intercede por nosotros con gemidos que no pueden expresarse con palabras». El Espíritu ora para que se haga la voluntad de Dios en nosotros, aunque no tengamos ni la más mínima idea de cuál es ella. Y el Espíritu, que examina nuestros corazones (v. 27), negocia las respuestas para nosotros, las cuales sobrepasan en mucho lo que hubiésemos soñado por nuestra cuenta.

¿Puede el cáncer matar nuestro espíritu? No, si es que descansa aunque esté por completo débil en el Espíritu de Dios. Así lo dice Pablo en el versículo 37: «En todo esto somos más que vencedores por medio de aquel que nos amó».

SIN CULPA

Algunos de nosotros no necesitamos amigos como los de Job para que nos destrocen. Lo hacemos nosotros mismos sin problemas. Cuando tenemos cáncer, nos preguntamos si es porque hicimos algo. ¿Fue por el agua que tomamos? ¿Porque fumamos en la universidad? ¿Porque no nos ejercitamos lo suficiente? ¿Debido a una dieta inadecuada?

Podríamos también analizarnos espiritualmente. ¿Está Dios castigándonos por algún pecado oculto? ¿Está tratando de que dejemos algunas cosas a un lado y nos volvamos más dependientes de él? ¿Está tratando de llegar a nuestro espíritu al hacer nuestros cuerpos más humildes?

Esas preguntas pueden tener sentido en algún momento, pero no deberíamos estancarnos en ellas. Como mi amiga Donna dice: «La vida es corta». El cáncer nos puede llevar a hacer cambios en nuestras vidas, uno de los cuales debería ser aprender a cuidarnos mejor.

Podríamos intentar escuchar a nuestros cuerpos, sintonizándonos con sus quejas. Por ejemplo, si tenemos un dolor de hombros perpetuo, es posible que nos estemos sentando de manera incorrecta o permanezcamos demasiado tiempo frente al computador. Un poco de ejercicios de estiramiento podría ayudar. Si a media mañana cabeceamos de sueño, es probable que se deba al hecho de que no desayunamos. Llevar un pequeño refrigerio podría ser útil.

Deberíamos tomar en cuenta las veces en que nos sentimos en especial bien. ¿Será después de dormir todo el fin de semana para recuperar el tiempo perdido de la semana? ¿Después de montar bicicleta o de una larga caminata? Es posible que debamos dedicar más tiempo para realizar dichas actividades.

También necesitamos tiempo para cuidar nuestro espíritu. La Biblia dice que nuestros cuerpos son templos de Dios (1 Corintios 3:16). ¡Imagínate estos cuerpos: —con fallas, lastimados, quebrantados y enfermos— como receptáculos del Espíritu de Dios!

Lo que es más, hemos sido lavados, santificados y justificados en el nombre del Señor Jesucristo y por el Espíritu de Dios. Eso significa que no debemos llevar sobre nuestros hombros una carga de arrepentimientos, o castigarnos espiritualmente porque tenemos cáncer. Ante los ojos de Dios, nosotros no tenemos culpa alguna. Tal como dice 1 Corintios 6:19: «Ustedes no son sus propios dueños; fueron comprados por un precio. Por tanto, honren con su cuerpo a Dios».

Restáuranos, SEÑOR, Dios Todopoderoso; haz resplandecer tu rostro sobre nosotros, y sálvanos.

SALMO 80:19

Así que si el Hijo los libera, serán ustedes verdaderamente libres.

Juan 8:36

Pero Dios demuestra su amor por nosotros en esto: en que cuando todavía éramos pecadores, Cristo murió por nosotros.

Romanos 5:8

Cada noche le entrego mis preocupaciones a Dios. De cualquier manera, él va a estar despierto toda la noche.

MARY C. CROWLEY

CARRERA POR LA CURA

*L*a primera vez que asistí a un grupo de apoyo para el cáncer de seno regresé tan emocionada que me tomó horas tranquilizarme. No recuerdo quién era el orador invitado aquella noche; lo que en realidad me emocionó fueron las casi cien mujeres riendo, conversando y abrazándose unas a otras. Todas teníamos cáncer. La vida no había terminado para ellas, simplemente había dado un giro inesperado. Y lo estaban manejando muy bien.

Era obvio que faltaban docenas de mujeres que habían asistido con anterioridad y que habían seguido adelante. Muchas de ellas fueron sobrevivientes que no volvieron a padecer cáncer de nuevo. Ellas corrieron una carrera por su curación y salieron victoriosas.

Aquellos que padecemos de cáncer somos motivados por quienes lo han vencido. Mi amiga Diane, que padece de un cáncer de ovario recurrente, fue desanimada por las estadísticas de cuántas mujeres mueren de esta enfermedad. Lo que la levantó de nuevo fue leer sobre mujeres que estaban vivas diez o más años después de haber sido diagnosticadas.

De igual forma, las tarjetas más útiles que recibí fueron aquellas enviadas por mujeres cuyas luchas contra el cáncer habían quedado en el pasado. Ellas estaban tan lejos del cáncer que muy de vez en cuando hablaban de él. Sin embargo, algunas me enviaron una nota contándome sus historias. Eso me ayudó a creer que yo también me curaría.

Los que padecemos de cáncer esperamos una cura. Le pedimos a Dios que por su gracia podamos atravesar todo lo que nos toca vivir: quimioterapia, radiación, incontables exámenes, visitas médicas, con el fin de dejar atrás esta terrible experiencia.

No todos nos vamos a curar, pero todos nosotros encontraremos sanidad de una u otra forma. Debido al cáncer, algunos deberemos cambiar nuestros viejos objetivos por otros nuevos. Algunos buscaremos el espacio y el tiempo necesarios para relajarnos un poco y disfrutar de la vida. Algunos nos liberaremos de las relaciones tóxicas para construir unas nuevas, que sean de verdadero apoyo. Otros descubriremos los brazos, labios y corazones de nuestra familia en ma-neras que nunca lo hicimos antes.

Y algunos de nosotros, ojala fuéramos todos, descubriremos la verdad de la promesa de Dios en una nueva forma: «Porque yo sé muy bien los planes que tengo para ustedes —afirma el Señor—, planes de bienestar y no de calamidad, a fin de darles un futuro y una esperanza» (Jeremías 29:11).

Es probable que nuestros cuerpos se marchiten y se estremezcan, pero basados en esta esperanza, nuestros espíritus serán renovados hasta aquel día en que terminemos la carrera y atravesemos la meta final hacia la Cura Suprema.

Despojémonos del lastre que nos estorba, en especial del pecado que nos asedia,

y corramos con perseverancia la carrera que tenemos por delante.

Hebreos 12:1

La vida en la que te aferras, atesoras, guardas y compites es al final una vida que vale poco para cualquiera, incluyéndote a ti. Solo una vida entregada al amor es una vida que vale la pena vivirse.

Frederick Buechner

La victoria sin importar nada

*E*staba ya conectada a mi vía intravenosa cuando la enfermera se detuvo y me preguntó si ella podía sentar a una jovencita junto a mí, la cual estaba recibiendo su último tratamiento para el cáncer de seno. «Usted recuerda cómo era eso», dijo la enfermera. «¿Podría hablar con ella?»

Yo sabía a lo que se refería. La gente piensa que por ser el último día de quimioterapia una persona con cáncer debería estar celebrando. En realidad, las enfermeras a veces hacen una pequeña fiesta, traen pastel, flores y un certificado de «graduación». Pero a pesar de toda la emoción, hay una profunda ansiedad generada por el hecho de descontinuar las drogas que están matando el cáncer en tu cuerpo. ¿Qué sucederá ahora que has parado? ¿Si el cáncer regresa, cómo lo sabrás? ¿Quién te cuidará para asegurarte que eso no pase? Una de mis amigas con cáncer de seno mantuvo un frasco con las píldoras sobrantes de la quimioterapia, y cuando se sentía ansiosa por haber terminado la quimio, se tomaba una. Recuerdo haberme sentido vulnerable también. Si la espera entre una y otra visita al doctor era demasiado larga, comenzaba a preocuparme por algunos síntomas: ¿Estaba creciendo el nudillo de mi cuello? ¿Estaba el lunar de mi pierna más oscuro? ¿Tendría que revisarme esa tos mañanera? El miedo a la recurrencia, luego de haber terminado el tratamiento, ronda tu mente, erosiona tu confianza y corroe tu espíritu. Con el tiempo, he entendido la sabiduría del consejo de mi madre: Mientras más sobrevivas, más segura te sentirás. Aunque he padecido de varios tipos de cáncer y sufrido varias recurrencias con el pasar de los años, he aprendido a no anticiparme al cáncer y a disfrutar entre uno y otro período, entendiendo la verdad de las Escrituras: «No se angustien por el mañana, el cual tendrá sus propios afanes» (Mateo 6:34).

Si en verdad creemos en Dios, Romanos 8:15 nos dice que no se nos ha dado un espíritu que nos esclavice al miedo. En lugar de ello se nos ha dado un «Espíritu que nos adopta», asegurándonos que sin importar lo que suceda somos hijos de Dios para siempre. Al final, esta promesa nos da la victoria sobre el cáncer… ¡sin importar nada!

RECURSOS

Anderson, Grez, *¿Qué hacer frente al cáncer?*-Las 50 cosas esenciales, Editorial Planeta, México, 2002.

Armstrong, Lance y Sally Jenkins, *Mi vuelta a la vida*, RBA Libros, Madrid, 2001.

Barnes, M. Craig, *Hustling God*, Zondervan, Grand Rapids, MI, 1999.

Bence, Evelyn, compilación, *Mornings with Henri J. M. Nouwen* [Mañanas con Henri J. M. Nouwen], Servant Publications, Cincinnati, OH, 1997.

Benjamin, Harold H. y Richard Trubo, *From Victim to Victor* [De víctima a victorioso], Dell Publishing, Nueva York, 1987.

Buechner, Frederick, *Wishful Thinking: A Theological ABC* [Hacerse ilusiones: Un ABC teológico], Harper and Row, Nueva York, 1973.

Carmody, John, *Cancer and Faith* [Cáncer y Fe], Twenty-Third Publications, Mystic, CT, 1994.

Cobble, Nancy, M.D., con Joy Sawyer, *Holding Heaven and Earth in One Hand* [Sosteniendo el cielo y la tierra en una mano], Judson Press, Valley Forge, PA, 1998.

Cousins, Norman, *Anatomía de una enfermedad*, Editorial Kairós, Barcelona, 1982.

Cowman, Mrs. Chas. E., *Manantiales en el Desierto*. Editorial Vida, Miami, 1997.

Freeman, Rusty, *Journey into Day* [Recorriendo el día], Judson Press, Valley Forge, PA, 2000.

Greene, Bob, y D. G. Fulford, *Notes on the Kitchen Table* [Notas sobre la mesa de la cocina], Doubleday, Nueva York, 1998.

Groopman, Jerome, *The Anatomy of Hope* [La anatomía de la esperanza], Random House, Nueva York, 2004.

Gulley, Philip, *Front Porch Tales* [Historias del porche de entrada], Multnomah Books, Sisters, OR, 1997.

Hymns for the Living Church [Himnos para una iglesia viva], Hope Publishing Company, Carol Stream, IL, 1978.

Keller, Helen, *The Open Door* [La puerta abierta], Doubleday & Co., Nueva York, 1957.

Kelly, Bob, *Worth Repeating* [Vale la pena repetirlo], Kregel Publications, Grand Rapids, MI, 2003.

Lovett, Sean-Patrick, editor, *The Best Gift Is Love: Meditations by Mother Teresa* [El mejor regalo es el amor: Meditaciones de la Madre Teresa], Servant Publications, Cincinnati, OH, 1982.

McFarland, John Robert, *Now That I Have Cancer I Am Whole* [Ahora que tengo cáncer, estoy completo], Andrews and McMeel, Kansas City, MO, 1993.

Merton, Thomas, *Los hombres no son islas*, Biblioteca Miguel Cané, Buenos Aires, 1966.

Nessim, Susan y Judith Ellis, *Cancerville: The Challenge of Life After Cancer* [Cáncer: El desafío de vivir una vida después del cáncer], Houghton Mifflin Company, Boston, MA, 1991.

Porter, Margit Esser, *Hope Is Contagious* [La esperanza es contagiosa], Simon and Schuster, Nueva York, 1997.

Siegel, Bernie S., M.D., *Love, Medicine, and Miracles* [Amor, medicina y milagros], Harper Collins, Nueva York, 1986.

Slung, Michele, *Momilies: As My Mother used to Say...* [Cosas de mamá: Lo que mamá solía decir...], Ballantine Books, Nueva York, 1985.

Spurgeon, Charles, *Morning and Evening* [Mañana y tarde], Zondervan, Grand Rapids, MI, 1965.

The Belgic Confesión [La Confesión Belga], Artículo 13.

El Catecismo de Heidelberg, Pregunta y Respuesta 1 de El Día de Dios 1.

Catecismo Menor, Pregunta 98.

Ten Boom, Corrie, *El Refugio Secreto*, Editorial Vida, Miami, 1999.

Ten Boom, Corrie, *Tramp for the Lord* [Caminata para el Señor], Fleming H. Revell Company, Nueva York, 1978.

Tengbom, Mildred, Why Waste Your Illness? [¿Por qué desperdiciar tu enfermedad?], Augsburg Publishing House, Minneapolis, MN, 1984.

Vanauken, Sheldon, A Severe Mercy [Una misericordia severa], Bantam Books, Nueva York, 1979.

Van Dyke, Henry, The Upward Path [Cuesta arriba], Harold Shaw Publishers, Carol Stream, IL, 1995.

Water, Mark, compilador, The New Encyclopedia of Christian Quotations [La nueva enciclopedia de citas cristianas], Baker Books, Grand Rapids, MI, 2000.

Weir, Al B., M.D., *When Your Doctor Has Bad News*. Zondervan, Grand Rapids, MI, 2003.

Winawer, Sidney J., *Healing Lessons* [Lecciones de sanidad], Little, Brown and Company, Nueva York, 1998.

Wright, H. Norman, *Winning over Your Emotions* [Ganándole a tus emociones], Harvest House Publishers, Eugene, OR, 1998.

Yancey, Philip, *Encuentre a Dios en los lugares inesperados*, Editorial Unilit, 1995.

Nos agradaría recibir noticias suyas.
Por favor, envíe sus comentarios sobre este libro
a la dirección que aparece a continuación.
Muchas gracias.

Editorial Vida
7500 NW 25 Street, Suite 239
Miami, Florida 33122

Vida@zondervan.com
http://www.editorialvida.com